Ursula und Arnd Kischkel

Zu Jesu Füßen

Ursula und Arnd Kischkel

Zu Jesu Füssen

Den Glauben als Kraftquelle entdecken

Die Zitate aus der Bibel wurden, soweit nicht anders angegeben, aus „Hoffnung für alle“ – Die Bibel © 1986, 1996, 2002 by International Bible Society, Colorado Springs, USA, übersetzt und herausgegeben durch Brunnen Verlag Basel, Schweiz, entnommen.

1. Auflage 2006

Umschlaggestaltung: joussenkarliczek, D-Uhingen
Satz: ASAPH/Jens Wirth
Druck: Schönbach-Druck, D-Erzhausen

Printed in the EU

ISBN 3-935703-71-6
Bestellnummer 147371

Für kostenlose Informationen über unser umfangreiches Lieferprogramm an christlicher Literatur, Musik und vielem mehr wenden Sie sich bitte an:

ASAPH, D-58478 Lüdenscheid
E-Mail: asaph@asaph.net – Internet: www.asaph.net

INHALT

Einführung

Jesus persönlich begegnen

Seit einigen Jahren werden immer wieder christliche Seminare mit dem Titel „Sitzen zu Jesu Füßen“ angeboten. Was verbirgt sich dahinter? Es sind keine Seminare im engeren Sinn, in denen längere Referate gehalten werden, sondern in diesen Einkehrzeiten wird schlicht der Raum geöffnet, dass die Teilnehmer „zu Jesu Füßen“ sitzen, d. h. Zeit in seiner Gegenwart verbringen können. Die Idee stammt ursprünglich aus Australien, wo Gemeindemitarbeitern, die in der Gefahr standen auszubrennen, in einem Haus die Möglichkeit gegeben wurde, vier Wochen in der Gegenwart Jesu zur Ruhe zu kommen und auf seine Stimme zu hören.

Die Erfahrungen waren so gut, dass die Idee bald auch in anderen Ländern aufgenommen wurde. Auch in unserem christlichen Lebenszentrum Wörnersberger Anker im Schwarzwald haben wir bereits einige Male ein mehrtägiges „Sitzen zu Jesu Füßen“ angeboten, bei dem wir jedes Mal dankbar erlebten, wie Jesus in seiner klaren und liebevollen Weise zu uns redete und wir in seiner Gegenwart reich beschenkt wurden.

Wie sah das konkret aus? Die gemeinsamen Zeiten mit den Teilnehmern am Vormittag und am Abend bereitete jeweils ein Mitarbeiterteam im hörenden Gebet vor. Dabei ließen wir uns von Gott besondere inhaltliche Schwerpunkte zeigen, die wir in der Lobpreiszeit, in der Raumgestaltung oder in symbolischen Handlungen aufnahmen. Zum

Beispiel wurde uns einmal deutlich, dass Jesus sein „lebendiges Wasser“, d. h. seinen Geist, für unseren Lebensdurst schenken möchte. Nach der Lobpreiszeit gab es deshalb für jeden Teilnehmer die Möglichkeit, buchstäblich Wasser aus einem „Brunnen“ zu schöpfen, zu trinken und dabei Jesus zu bitten, den momentanen inneren Durst mit seinem Lebenswasser zu stillen. Oder wir bauten Gott einen „Altar“ aus unserem Dank, ausgedrückt durch Blumen, die jeder bringen konnte.

Vorne im Raum steht immer ein Kreuz, an das – auf Zetteln geschrieben – Schuld geheftet werden kann. Aber vor allem ist in den gemeinsamen Zeiten in der Gegenwart Jesu viel Raum dafür, dass jeder persönlich Jesus begegnen kann, auf seine Stimme hören oder einfach seine Liebe genießen und zur Ruhe kommen kann. Die Nachmittage sind bewusst frei gehalten, damit jeder, so wie er möchte, sich entspannen und vor Gott sein kann – beim Spazierengehen, im Liegestuhl im Garten, beim Kaffeetrinken und im Gespräch mit anderen.

Maria hat das gute Teil gewählt

Es ist eine große Hilfe, zusammen mit anderen Christen und herausgelöst aus dem Alltag „zu Jesu Füßen zu sitzen“. Aber Jesus lädt uns genauso ein, ihm mitten in unserem persönlichen Umfeld zu Hause zu begegnen, dort bei ihm zur Ruhe zu kommen und auf seine Worte zu hören. Als engagierte Christen geraten wir leicht in eine „Martha-Geschäftigkeit“, in der wir zwar viel für Jesus tun, aber zu wenig die liebevolle Beziehung zu Jesus pflegen, in der wir uns von ihm beschenken lassen können. Doch nur, wenn wir von Jesus empfangen, haben wir genug, um es anderen weiterzugeben.

Jesus sagte zu Martha: „Martha, Martha, du machst dir viel Sorgen und mühst dich um Dinge, die im Grunde nicht so wichtig sind. Wichtig ist nur eins! Das hat Maria verstanden, und davon werde ich sie nicht abbringen“ (Lukas 10,41-42). Hier spürt man die liebevolle Einladung an Martha heraus, doch auch „das gute Teil“ zu wählen, nämlich die hörende und empfangende Haltung, mit der sich Maria zu Jesu Füßen setzt. Er lädt sie ein: „Komm, setz dich doch auch zu mir! Du machst dir so viel unnötige Sorgen!“

Diese Einladung richtet unser auferstandener Herr auch heute an uns. Natürlich hat Jesus auch Aufgaben und Arbeit für uns! Aber zuerst kommt das Empfangen und dann das Weitergeben. Erst kommt das Hören und dann das Reden. In den einzelnen Kapiteln dieses Buches beleuchten wir die verschiedenen Aspekte dessen, was es für uns bedeutet, wie Maria zu Jesu Füßen zu sitzen. Es ist eine innere Lebenshaltung, die unseren ganz normalen Alltag in Beruf und Familie durchtragen kann: aus der Verbindung mit Jesus und aus seiner Kraftquelle zu leben.

Durch Gebetszeiten, in denen die Liebe Jesu uns berührt, es uns leicht ums Herz wird und der Geist Gottes Raum hat, Neues hervorzubringen, bleiben wir geistlich lebendig und beginnen zu wachsen. Im Anschluss an jedes Kapitel haben wir deshalb einige geistliche Übungen gestellt, als praktische Hilfe zur Umsetzung im persönlichen Leben. Beim Schreiben dieses Buches ist uns deutlich geworden, dass Jesus uns in eine größere Dimension führen möchte, wie wir in seiner Gegenwart leben können. Die kostbaren Zeiten, in denen wir seine Liebe und sein persönliches Reden zu uns immer wieder erfahren, ermutigen uns weiterzugehen. In seiner Gegenwart gibt es noch viel zu entdecken!

Geduld und Warten

Die Vorbereitung des Herzens

Auch heute lädt uns Jesus ein, zu seinen Füßen zu sitzen! Auf welche Weise und an welchem Ort kann das geschehen? Jesus kam in das Haus von Maria und Martha, also dorthin, wo sie wohnten und lebten, in ihre ganz vertraute Umgebung. Genauso möchte Jesus uns auch dort begegnen, wo wir leben. Er kommt mitten in unser alltägliches Tun hinein, in unsere Beziehungen und persönlichen Umstände, mitten in unsere Gedanken, Gefühle und Entscheidungen. Wir brauchen an keinen besonders „heiligen Ort" zu gehen, um Jesus zu begegnen, sondern er möchte uns dort dienen, wo wir zu Hause sind. Und je mehr er unser Zuhause erfüllt, desto mehr wird es zu einem heiligen Ort, d. h. einem Ort, der ihm gehört.

Jesus begegnet uns in unserem Herzen. Dieses Zentrum unserer Seele, wo unser Denken, Fühlen und Wollen zusammenläuft, ist der Raum der Begegnung mit ihm. In unserem Herzen hören wir seine leise Stimme und dort empfangen wir seine Liebe (Römer 5,5). In unserem Herzen sprechen wir Gott unser Vertrauen aus und dorthinein fällt die Wahrheit Gottes wie auf einen guten Boden (Gleichnis vom vierfachen Ackerfeld, Matthäus 13,19-23).

Um Jesus hören zu können, braucht unser Herz eine gute Vorbereitung. Oft ist es so vom Dornengestrüpp der Sorgen überwuchert und darin verstrickt, dass es erst freigelegt werden muss. Jesus sagt: „Der

Boden, der mit Disteln bedeckt ist, entspricht einem Menschen, der die Botschaft zwar hört und anfängt, danach zu leben. Aber die Sorgen des Alltags und die Verführung durch den Wohlstand ersticken Gottes Wort" (Matthäus 13,22). Wir brauchen deshalb die Zeit, um uns in die Hand dessen zu begeben, der das Gestrüpp der Sorgen Stück für Stück beiseite räumen kann. Jesus möchte unsere Einwilligung, dass er alles in seine gute Hand nehmen darf, dass wir nichts mehr festhalten, sondern es ihn entwirren lassen. Er wird uns in diesem Prozess auch zeigen, warum sich das Dornengestrüpp überhaupt so in unserem Herzen ausbreiten und festsetzen konnte. Je mehr wir alles in seine Hand loslassen können, desto mehr wird sich Frieden in unserem Inneren ausbreiten. Es ist eine Ruhe, die nur in seiner Gegenwart entsteht. Wir können lernen, einfach nur da zu sein – weil Jesus da ist.

Sich Jesus hinhalten

Zu Jesu Füßen zu sitzen bedeutet loszulassen. Wenn wir vor jemandem auf dem Boden sitzen, dann ist klar, dass wir in dieser Haltung keine Größe mehr demonstrieren und keine Stärke zeigen müssen. Wie ein Kind auf dem Boden zu sitzen ist etwas sehr Einfaches, Natürliches und in bestem Sinne Demütiges. Eine Demut, die sich ihrer selbst nicht bewusst ist. Ein Kind weiß, dass es vieles noch nicht verstehen kann und dass es darauf angewiesen ist, dass ihm jemand die Dinge erklärt. Es fragt z. B. oft am Tag: „Warum ist das so?" – aus Neugierde und Interesse.

Auch wir dürfen mit einem kindlichen Fragen vor Jesus kommen. Diese Fragen haben keine anklagende Schärfe und sie sind nicht aus dem Stolz geboren, alles wissen zu wollen, sondern ein Kind vertraut seinem Vater vollkommen, wenn es ihm Fragen stellt. Es weiß: Mein Vater hat den Überblick und er wird mir alles erklären, was jetzt für mich wichtig ist zu wissen. Und wenn der Vater liebevoll zu seinem Kind sagt: „Das kannst du jetzt noch nicht verstehen", dann akzeptiert es das Kind, weil es weiß, dass sein Vater am besten beurteilen kann, was es jetzt schon verstehen kann. Genauso kindlich dürfen wir Jesus alles fragen, was uns bewegt, aber es auch annehmen, wenn er es uns noch nicht beantworten kann – aus Rücksicht auf uns.

Manchmal sind wir entmutigt, wenn wir uns in die Stille begeben und auf Jesus hören wollen, aber ein Gefühl der Leere haben, als ob wir mit uns selbst alleine wären. Jesus ist da – er ist an jedem Ort der Welt, wohin wir auch gehen, – aber wir können manchmal seine Gegenwart nicht spüren. Wir können dann nicht nur Jesus nicht spüren, sondern oft auch unser eigenes Herz nicht. Es ist dann wie eingemauert und wir finden den Zugang nicht mehr zu ihm. Wir wissen in diesem Zustand gar nicht mehr, wer wir wirklich sind und wie es in uns selbst aussieht. Wie können wir da Jesus begegnen?

Am besten beginnen wir mit einem Gebet, etwa so: „Jesus, hier bin ich. Danke, dass du mich jetzt siehst und dass du weißt, wie es mir geht, – besser als ich es selbst weiß. Bitte nimm du die Steine aus meinem Herzen und räume sie weg. Lass das Eis in meinem Inneren durch deine Liebe schmelzen. Bahne dir selbst einen Weg in mein Herz."

Dann kann ich mich Jesus einfach hinhalten. Es muss nicht gleich etwas geschehen. Ich darf darauf vertrauen, dass sein Blick liebevoll auf mir ruht, ohne einen Vorwurf. Wenn ich so ehrlich zu ihm komme, wie es mir im Moment möglich ist, genügt es. Wenn mir der Heilige Geist, der der Geist der Wahrheit ist, etwas von dem zeigt, was mich innerlich eingemauert hat, so brauche ich seiner behutsamen Führung nur nachzugeben. Ich tue das in der Bereitschaft, alles an Lasten abzugeben, die mich beschweren. Ich bin bereit, Schuld zu bekennen, für die mir der Heilige Geist die Augen öffnet. Ich lasse auch Schmerzen zu und betrauere sie – in dem Wissen, dass Jesus um mich ist und alles weiß und alles trägt. Auch wenn nicht so bald etwas geschieht, halte ich in seinem Licht und seiner Wärme aus.

Manchmal gebraucht Jesus einen anderen Christen, um mir seine Liebe und sein Mitgefühl zu zeigen, so dass die harte Schale um mein Herz weich werden kann. Vielleicht spricht mir jemand ein Wort Gottes zu, das genau das tiefste Bedürfnis meines Herzens anrührt, z. B. die Sehnsucht nach Annahme und Wertschätzung oder nach Geborgenheit und Schutz. So kann die Versteinerung aufbrechen und der Schmerz herauskommen. Wir sind als Gemeinschaft, als Gemeinde Jesu, zusammengestellt, so dass wir nie ganz alleine zu Jesu Füßen sitzen, sondern in der Verbundenheit als Brüder und Schwestern. Einerseits ist es eine ganz persönliche Begegnung mit Jesus. Andererseits ist sie getragen von der Gemeinschaft der Glaubenden. Wo ich selbst nicht mehr weiter kann, nimmt mich ein anderer mit zu Jesus, und genauso darf ich andere mit zu Jesus nehmen.

Dass wir zu Jesu Füßen sitzen dürfen, ist nichts anderes als Gnade. Das drückt auch die Haltung „zu seinen Füßen" aus: Er ist der Herr – und wir sind die Beschenkten. Er gibt – wir empfangen. Er redet – wir hören zu. Zu seinen Füßen: Das ist ein kostbarer Platz in seiner Nähe. Es ist ein vertrautes Sitzen in seiner Gegenwart, ein entspanntes Dasein vor ihm.

Jesus ist auch derjenige, vor dem wir unsere Knie beugen, vor dem wir in Anbetung niederfallen, aber er lädt uns als seine Jünger und Jüngerinnen auch ein, bei ihm Platz zu nehmen und in Ruhe auf seine Worte zu lauschen – immer in Blickkontakt mit ihm. Es ist unser großes Vorrecht, dass wir als Kinder Gottes so in seine Nähe kommen dürfen. Er hat uns diesen Platz erkauft durch sein Blut. Nun kann uns nichts mehr hindern, zu ihm zu kommen.

Jesus hat sich oft gerade bei den Menschen eingeladen, die glaubten, es nicht wert zu sein, dass Jesus zu ihnen kommt. Er wollte z. B. bei Zachäus zu Gast sein und er ließ sich von einer Sünderin die Füße mit ihren Tränen waschen. Letztlich sind nicht wir es, die zu Jesus kommen, sondern er kommt zu uns! Er zieht uns aus lauter Gnade zu sich und lädt uns ein, bei ihm, an seinem Tisch, Platz zu nehmen. Er teilt mit uns Brot und Wein, wir dürfen mit ihm, dem Auferstandenen, Tischgemeinschaft haben und uns daran erinnern: Das ist möglich durch das Blut, das er für uns vergossen hat, durch seinen Leib, den er für uns hingegeben hat. Er sagt uns gerade dann, wenn wir uns unwürdig fühlen: „Komm an den Tisch meiner Gnade! Hier darfst du kommen, so wie du bist. Ich nehme dich an. Lass dir von mir dienen."

Geistliche Übung

1. Suchen Sie sich einen Platz, an dem Sie gut sitzen können, wo Ihr Blick zur Ruhe kommt, vielleicht vor einer Kerze, einem Kreuz, einem Bild oder einer Blüte. Lassen Sie Ihren Atem ruhig ein- und ausströmen. Nehmen Sie sich Zeit dafür. Machen Sie sich bewusst, dass Jesus jetzt da ist und dass er Sie kennt und sieht. Danken Sie ihm dafür! Denn es ist wahr: „Von allen Seiten umgibst du mich und hältst deine schützende Hand über mir. Dass du mich so genau kennst – unbegreiflich ist das, zu hoch, ein unergründliches Geheimnis!“ (Psalm 139, 5-6)

2. Öffnen Sie Ihr Herz weit vor Jesus und geben Sie ihm alles, was Ihnen bewusst ist an Gedanken, Gefühlen, Fragen … Legen Sie alles vor ihm ab und vertrauen Sie es ihm an. Stellen Sie sich vor, dass Sie mit Ihrem Atem alles „ausatmen“ können, was Sie beschwert. Jesus nimmt es von Ihnen. Sie können dabei beten: „Erbarme dich meiner.“

3. Und nun empfangen Sie all das Gute, das Jesus heute für Sie bereit hat:

- seinen Frieden in Ihre Unruhe hinein …
- sein Licht in Ihre Dunkelheit …
- seine Klarheit in Ihre Fragen …
- und sein Erbarmen für Ihre Schuld …

Mit jedem Einatmen können Sie sich vorstellen, wie das Licht Jesu und seine Gnade in Sie einströmt. Als Gebet können Sie dazu sagen: „Herr Jesus Christus!“ Mit der Zeit werden Sie spüren, wie Sie die Wärme und Liebe Jesu immer mehr umfängt. Halten Sie aus in seiner Gnade, von der Sie leben. Danken Sie ihm, dass Sie von ihm ganz und gar geliebt und angenommen sind.

Geh über die Brücke des Vertrauens

Gott möchte uns Ruhe schenken

Der Prophet Jesaja beschreibt, wie Gott sein auserwähltes Volk Israel in eine Ruhe führen möchte, nachdem viele Jahre der Fremdbestimmung und zahlreiche Kämpfe hinter ihnen liegen: „Der Herr wird sich über die Nachkommen Jakobs erbarmen; er nimmt die Israeliten wieder als sein Volk an und bringt sie in ihre Heimat zurück. Auch Menschen anderer Länder werden sich ihnen anschließen und in Israel wohnen. Fremde Völker werden den Israeliten bei der Rückkehr in ihre Heimat helfen und ihnen dort als Sklaven dienen. Dann halten die Israeliten die gefangen, von denen sie einst in die Gefangenschaft geführt wurden. Sie herrschen über ihre ehemaligen Unterdrücker. Nach all dem Leid, der Ruhelosigkeit und der harten Arbeit, zu dem man euch Israeliten gezwungen hat, werdet ihr endlich in Frieden leben“ (Jesaja 14,1-4).

Gott sagt seinem Volk zu, dass er ihm Ruhe schenken will. Im Gegensatz dazu sind viele Menschen der Meinung, dass sie in ihrem Leben hauptsächlich selbst um Erfolg, Glück und ein wenig Frieden kämpfen müssen. Sie leben nach dem Motto:

Wenn ich nur noch dieses und jenes bewältigt und geschafft habe, dann liegt endlich eine Zeit der Entspannung vor mir. Dann werde ich die Früchte meines Einsatzes ernten können. Dann wird es mir auch möglich sein, zu den spirituellen Wurzeln meines Lebens zu gelangen. Denn dazu benötige ich Zeit und ein gewisses Maß an Unabhängigkeit und Freiheit.

So sehnen sich viele Menschen danach, in ihrem Herzen noch einmal so etwas wie ein Wiegenlied zu hören, das dem inneren Kind Geborgenheit und Unbekümmertheit vermitteln soll. Und ohne dass sie es merken, mühen sie sich für eine Zukunft ab, die es ermöglichen soll, dass sie endlich bei sich selbst ankommen.

Aber Gott hat einen ganz anderen Weg für uns, um uns in die Ruhe zu führen! Außerdem erleben wir, dass nach der Anstrengung oft gar nicht der ersehnte Friede eintritt. Wie ist das, wenn wir nach einem arbeitsreichen Tag nach Hause kommen? Sind wir nicht oft zunächst gereizt und überfordert? Wollen wir dann nicht einfach mal unsere Ruhe haben? Ist dies nicht ein Moment, in dem wir uns ein wenig selbstverloren und einsam fühlen? Der Friede, den Gott uns schenken will, setzt viel tiefer an und ist viel mehr als einfache Entspannung.

Begegnung mit der Wahrheit

Das Beispiel von Martin Luther macht das deutlich: Martin Luther wurde eine ganze Zeit lang aufgrund der Glaubenswahrheit, die er wiederentdeckte, verfolgt und musste um sein Leben bangen. Auf der Wartburg fand er schließlich eine Zuflucht, während der er die Bibel ins Deutsche übersetzen konnte. Auch wenn wir Gottes Wort immer mehr als Wahrheit und Richtschnur für unser Leben annehmen, kann es wie bei Luther sein, dass sich nicht gleich ein bequemer und leichter Weg auftut. Oft regen sich vielmehr Widerstände, es setzen Spannungen und innere Kämpfe ein.

Dabei können wir die Entdeckung machen, dass wir die Ruhe vor allen inneren und äußeren Feinden nur vom Eingreifen Gottes her erwarten können, dass es überhaupt keinen Frieden für das menschliche Herz gibt, außer wenn Gott selbst es mit seinem Heiligen Geist erfüllt und es seine erlösende und versöhnende Gegenwart erfährt.

Die Liebe zu Gott ist von daher der Schlüssel, um in jeder möglichen Lebenssituation vertrauen zu können. Wir brauchen Gott als den, der das Joch des Selbermachens und des Leistenmüssens über uns zerbricht. Er ist der gute Hirte, der uns mit sanfter Hand führen möchte.

An der Klagemauer

Gott hat unendlich viele, auch ungewöhnliche Wege, um uns zu führen und über etwas zur Ruhe kommen zu lassen. Von einem Rabbi wird berichtet, dass er einmal an der Klagemauer sehnsüchtig zum Himmel schaute, nachdem er einen Gebetszettel in eine Ritze geschoben hatte. Er flehte zu Gott, dass dieser ihm doch etwas von der Last und Verantwortung in der Thoraschule abnehmen möge.

Am nächsten Tag sollte es darum gehen, den jungen Schülern anhand des ersten Buchs Mose aufzuzeigen, wie Gott den Glauben des Abraham prüfte, als er ihm auftrug, seinen Sohn Isaak zu opfern. Wie konnte er den Schülern nur diese Begebenheit nahe bringen, ohne dass sie sich zu sehr mit Isaak identifizierten und an der Liebe eines gütigen Vaters im Himmel zweifelten?

Während der Rabbi noch so voller Sorge in den Himmel blickte, streifte er mit seiner Hand über die Mauer. Dabei berührten seine Finger einen Spalt, der sich feucht anfühlte, so dass seine Finger benetzt wurden. Sogleich empfand er diese Tropfen wie Tränen, die Gott selbst über Isaak geweint haben mochte. Und er empfand das starke Vertrauen, das Abraham Gott entgegengebracht hatte. So triumphierte in seinem Herzen doch der Glaube, dass der Herr immer zur rechten Zeit eingreift und ihm hilft. Und mit einem Mal freute er sich nun auf den Unterricht mit seinen Schülern.

So erlebte der Rabbi das, was Jesaja uns in den eingangs zitierten Versen zuspricht: Nur der Herr kann uns Ruhe geben gegenüber Leid, Belastungen und Sorgen. So wie Israel, das in der Gefangenschaft und Fremde leben musste, nun über seine Bedränger herrscht, so kennt Gott für jede Unruhe und Verlorenheit des menschlichen Herzens den Ort und den Zeitpunkt der Wiederherstellung.

Der liebende Vater

Halte ich von daher fest am Vertrauen zu Gott, auch wenn mich Zweifel plagen, ich mich überfordert oder von Gott weit entfernt fühle? Halte ich sogar Schritt mit ihm, wenn er scheinbar Unmögliches von mir erwartet?

Ich kann es nur, wenn sich das Bild des liebenden Vaters tief in mir verankert. Wenn ich ihn immer wieder zu mir sagen höre: Du bist meine geliebte Tochter! Du bist mein geliebter Sohn!

Im letzten Weltkrieg gab es viele Soldaten, die einem falschen Vater vertrauten. Sie waren bereit für ihn zu rauben, zu morden und sogar ihr Leben zu lassen.

Die Bibel macht uns klar, dass auch wir Christen in einem Kampf stehen – allerdings einem ganz anderen –, den wir nur in der Hingabe an Jesus bestehen können. In Kolosser 2,1-4 schreibt Paulus: „Ihr sollt wissen, wie sehr ich um euch kämpfe, auch um die Gemeinde in Laodicea und um all die anderen, die mich persönlich noch gar nicht kennen. Gott möge euch Mut und Kraft geben und euch in der Liebe Christi zusammenhalten; die ganze Größe seines Geheimnisses sollt ihr erkennen. Dieses Geheimnis ist Christus. In ihm ist alles, was es an Weisheit und Erkenntnis Gottes geben kann."

Worum ging der Kampf des Paulus? Paulus war ein Apostel, der mit Leidenschaft um die Herzen der ihm anvertrauten Gläubigen kämpfte und sich für sie einsetzte. Er verkörpert regelrecht ein Prinzip im Reich Gottes, nämlich dass die Menschen nur durch ihre ganze Hingabe Gottes Kraft, seine Liebe und die Schätze seiner Weisheit erfahren können.

So kommt es darauf an, dass wir Gottes Möglichkeiten erkennen und uns seinen Plänen für unser Leben mit ganzer Hingabe anschließen. Denn er hat sie liebevoll für uns vorbereitet.

Der göttliche Fahrplan

Man kann dies mit einem Bootssteg vergleichen, an dem nur zu bestimmten, festgesetzten Zeiten Schiffe anlegen und Passagiere aufnehmen. Dann überqueren sie in unterschiedlicher Richtung den See.

Wenn wir das Schiff erreichen wollen, das uns zu unserem Ziel am anderen Ufer bringen soll, dann müssen wir pünktlich an der Anlegestelle sein. Der Heilige Geist möchte uns immer wieder den „göttlichen Fahrplan" in unserem Leben offenbaren. Meine Linie fährt vielleicht um einiges früher oder später als die des anderen. Vielleicht gibt es auch Ziele, wo ich sehr lange auf eine Verbindung warten muss, viel länger als andere.

Aber immer kann ich vertrauen, dass der Vater schon um mich weiß. Er ist schon jetzt bei mir. Er bereitet mich vor. Er stärkt mich mit dem frischen, lebendigen Wasser des Heiligen Geistes und er schenkt mir voll ein, auch wenn ich noch auf mein „Schiff" warte und die Ziele meines Lebens noch nicht alle erreicht habe.

Wenn dann das „Boot" kommt, habe ich womöglich schon viel über die Gnade und Güte Gottes gelernt: dass sie nicht vom Selbsterreichten abhängt, sondern von meiner Fähigkeit, die Gnade Gottes zu empfangen, wahrzunehmen und zuzulassen.

Loslassen und Empfangen

In diesem geistlichen Wachstumsprozess ist es wie bei einem Ballspiel. Gott spielt mir einen „Ball" zu und ich bin herausgefordert, darauf zu reagieren. Ich werde immer mehr zu einem geübten Ballspieler. Komme ich in Ballbesitz, spiele ich zügig ab. Ich klebe nicht mehr so am Ball wie früher, ich verzögere das Spiel nicht. Ich habe gelernt, mannschaftsdienlich zu operieren. Und das gibt mir selbst eine größere Freiheit. Ich kann mich mehr freuen und vieles geht leichter von der Hand als früher.

Jesus trägt ein Bild von uns in seinem Herzen. Es ist vielleicht ein ungewöhnlicher Gedanke, aber der Herr ist voller Bewunderung für die Bestimmung unseres Lebens, für seine geistliche Bedeutung, er denkt an uns.

Wir sehen ja gelegentlich in den Spiegel und schauen uns dabei vielleicht selbst kritisch und fragend an. Gibt es wirklich jemanden, der uns voller Liebe, Rührung und Bewunderung ansieht, so als wenn wir nicht das geringste Fältchen oder den geringsten Fehler hätten? Jesus sieht in uns das Bild, das der Vater mit uns gemeint hat. Er sehnt sich nach diesem Bild, er betet für uns, er möchte uns an sein Herz ziehen.

Je mehr wir uns der Gegenwart Jesu aussetzen, umso mehr gelangen wir in das Kraftfeld seines Blickes, der unwiderstehlich ist, liebend und bezwingend. Er weckt in uns die Leidenschaft, ihm in allem zu folgen. Sein Blick leitet uns zu immer größerer Reinigung und Heiligung.

Wer sich noch nicht nach diesem Platz vor dem Angesicht Jesu sehnt, der hat noch zu viel Distanz zu ihm, der lebt in seinen Gedanken noch zu sehr vor dem Spiegel eigener Sorgen, negativer Einreden oder selbstgestrickter, verzerrter Wahrnehmungen.

Der Zöllner im Tempel, von dem Jesus erzählt, klopft sich an die Brust und ruft: „Herr, sei mir Sünder gnädig!“ (vgl. Lukas 18,13). Er spürt gegenüber der Heiligkeit Gottes sein eigenes Versagen und seine eigene Schuld. Aber er ging in den Tempel, weil er sich nach einem befreiten und erlösten Leben sehnte.

Genauso finden wir zur Umkehr, wenn wir den Raum der Gegenwart Gottes betreten, wenn Gott sein Licht in uns anzünden darf.

Geistliche Übung

1. Was heißt es nun für mich, meinen bisherigen, gewohnten Platz einmal zu verlassen, vielleicht auch eine falsche Gewohnheit oder eine innere Lüge zu bekennen und zu widerrufen und wie der Zöllner einen Schritt in Gottes Haus zu gehen? Sie können einmal aufstehen, einen Schritt tun und sagen: „Ich verlasse jetzt den alten Platz …“ (bitte ergänzen Sie etwas, was Sie gefangen genommen hat). „Und ich komme jetzt zu dir. Ich betrete den Raum deiner Wahrheit, sie soll jetzt für mich gelten.“ Sprechen Sie eine passende biblische Wahrheit laut aus.

____

____

____

2. Schließen Sie nun einen Moment die Augen. Der Herr sieht Sie jetzt an mit einem Blick einzigartiger Liebe. Spüren Sie, wie dieser Blick Sie stärkt und Ihnen wohl tut. Versuchen Sie Ihr Herz zu öffnen und sagen Sie ihm alles, was es beschwert. Nennen Sie alles, was zwischen Ihnen und dem Herrn steht. Seien Sie schonungslos offen.

____

____

____

3. Stellen Sie sich nun vor, Jesus würde jemandem das reine und schöne Bild, das er von Ihnen hat, genau erklären. Versuchen Sie nun selbst, dieses Bild Ihrer Berufung zu beschreiben. Schreiben Sie es auf. Fragen Sie zwischendurch immer wieder den Herrn, wie er diesen oder jenen Aspekt sieht. Entwickeln Sie so mit ihm zusammen ein klares Profil.

____

____

____

Erwarte alles vom Vater

Im Licht Gottes

Wenn wir zu Jesu Füßen sitzen, dürfen wir uns der Vaterliebe Gottes ganz gewiss sein. Denn wenn wir auf Jesus sehen, sehen wir den Vater. Es ist das größte Anliegen Jesu, uns zum Vater zu bringen – zu seinem Vater und zu unserem Vater.

Es ist gut, wenn wir uns Zeit nehmen, um uns von Jesus in die Vaterarme Gottes bringen zu lassen. Der Jünger Philippus hat Jesus einmal gebeten: „Jesus, zeige uns den Vater!“ (Johannes 14,8). „Ich bin nun schon so lange bei euch“, entgegnete Jesus, „und du kennst mich noch immer nicht, Philippus? Wer mich gesehen hat, der hat auch den Vater gesehen. Wie also kannst du mich bitten: „Zeige uns den Vater!“? Glaubst du nicht, dass ich im Vater bin und der Vater in mir ist? Was ich euch sage, habe ich mir nicht selbst ausgedacht. Es sind die Worte meines Vaters, der in mir lebt. Er handelt durch mich“ (Johannes 14,9-10).

Wenn wir auf Jesus sehen, erkennen wir immer tiefer den Vater. Das Sitzen zu Jesu Füßen führt uns deshalb genau ins Vaterherz Gottes. „Ich und der Vater sind eins“, sagt Jesus in Johannes 10,30. Was wir zu Jesus sagen, geht genauso zum Vater. Was wir von Jesus hören, empfangen wir zugleich vom Vater. Da gibt es keinen Unterschied. Wir sind auf einen Gott ausgerichtet, denn der Vater, der Sohn und der Heilige Geist sind eins in ihrem Wesen und ihrem Willen.

Wie können wir uns nun von Jesus in die Vaterarme Gottes bringen lassen? Jesus hat am Kreuz die Tür zum Vater weit geöffnet. Diese Tür steht offen und lädt jeden ein, der kommen will. Sie ist nur dort am Kreuz zu finden, nirgendwo anders können wir den Vater finden. Er hat am Kreuz sein Liebstes – seinen Sohn – gegeben, damit wir in sein Vaterhaus kommen können.

Wenn wir zu Jesu Füßen sitzen, kommen wir ins Licht Gottes. Je mehr uns sein Licht durchdringt, desto mehr erkennen wir, dass wir in seinem Licht nicht bestehen können. Es offenbart z. B. unsere Engherzigkeit und Egozentrik. Uns geht auf: Wie groß ist der Kontrast zwischen mir und Jesus, der nichts für sich selber wollte und der in der völligen Hingabe an den Vater lebte!

Jesus hat nie auf sein Recht gepocht, sondern aus einer unerschöpflichen Quelle von Barmherzigkeit heraus vergab er und vergab und vergab … Jesus ging in völligem Gehorsam den Weg, den ihm der Vater vorgezeichnet hatte. Er wich keinen Schritt nach rechts oder links ab und er fing niemals an, mit dem Vater zu diskutieren, ob dieser Weg wirklich der richtige wäre. Er folgte dem Vater in blindem Vertrauen.

Die Freiheit empfangen

Jesus ist nicht nur wahrer Gott, er ist auch wahrer Mensch. In seinem Leben können wir sehen, wie das wahre Menschsein in der völligen Abhängigkeit vom Vater aussieht. Jesus lebte in völliger Freiheit als Mensch – niemand war so frei wie er! Immer wieder heißt es: Er ging durch die Menschenmenge mitten hindurch (Lukas 4,30). So frei war er auch innerlich von jeder Menschenabhängigkeit und -gefälligkeit. Gleichzeitig war er den Menschen in vollkommener Liebe zugewandt. In seiner Freiheit war keinerlei Härte oder Gleichgültigkeit gegenüber anderen Menschen, so wie wir uns manchmal Freiheit erkämpfen wollen, indem wir uns abschotten und hart machen.

Die Freiheit von Jesus hatte eine andere Quelle: Sie entstand aus dem völligen Geliebtsein und Geborgensein beim Vater. Seine Liebe umgab ihn wie eine schützende Hülle, dabei konnte er den Menschen ganz zugewandt bleiben. Jesus musste sich nicht selbst schützen, weil er sich des Schutzes des Vaters gewiss war. In diese Freiheit, die Jesus beim Vater hatte, will er uns auch führen!

Wenn wir zu Jesu Füßen sitzen, können wir ihm unsere Abhängigkeiten bringen und die Freiheit aus seiner Hand empfangen. Manchmal ist es ein innerer Kampf, unsere Menschenfurcht vor ihm niederzulegen und seinen wahren Schutz zu ergreifen. Mit der Menschenfurcht haben wir uns vor den Angriffen und der Ablehnung anderer Menschen aus eigener Kraft zu schützen versucht. Aber dieses Schutzschild mauert uns selbst ein und bringt uns auch keinen wirklichen Schutz, schon gar keine Freiheit.

In der Gegenwart Jesu aber kann seine Freiheit auf uns übergehen. Denn von seinem Geist erfüllt können wir rufen: „Abba, lieber Vater!" (Galater 4,6). Damit öffnen wir uns für den Liebesstrom des Vaters, der uns von allen Seiten umgibt, unsere Verletzungen heilt und uns in einer Weise schützt, wie wir es selbst nie könnten. In der Annahme des starken Vaters, der ständig zu seinem Kind spricht: „Ich liebe dich! Ich stehe zu dir!", haben die Pfeile der Ablehnung, die auf uns geschossen werden, keine Macht mehr. Wie sich die Dunkelheit im Licht einfach nicht halten kann, so verschwindet die Macht der menschlichen Ablehnung in der unendlich großen Annahme des Vaters.

Wir müssen dazu Zeit in den liebenden Armen des Vaters verbringen. Wir können uns seine Gegenwart mitten in unseren alltäglichen Tätigkeiten bewusst machen: „Danke, Vater, dass du jetzt da bist!" Wir strecken uns aus nach ihm und empfangen seine Stärkung, die wir gerade jetzt benötigen. Statt erst lange aus eigener Kraft zu kämpfen und uns zu verteidigen, können wir wie Jesus glauben, dass der Vater jetzt unser Schutz und unsere Hilfe ist, und ihm vertrauen. Jesus, der durch seinen Geist in uns lebt, wird uns dabei helfen. Er ermutigt uns jeden Tag: Erwarte alles vom Vater!

Geistliche Übung

1. Nehmen Sie sich immer wieder Zeit, um sich in den Vaterarmen Gottes zu bergen. Stellen Sie sich dabei vor, dass er seinen starken Arm um Sie legt und voller Verständnis und Wohlwollen auf Sie schaut. Der Vater verurteilt Sie nicht, sondern weiß um allen Schmerz der Ablehnung, der sich in Ihrem Inneren angesammelt hat. Geben Sie ihm diesen Schmerz, indem Sie z. B. sagen: „Vater, ich gebe dir den Schmerz, dass …“

2. Und nun hören Sie auf die leise Stimme des Vaters, der Ihnen seine grenzenlose Liebe zusagt. Trotz allen Versagens steht er zu Ihnen und lässt Sie nicht fallen. Sein Erbarmen hat – in Jesus – kein Ende.

3. Lassen Sie die Menschen los, durch die Sie Verletzungen erlitten haben. Das geschieht, wenn Sie sich entscheiden, ihnen zu vergeben. Geben Sie das Unrecht, das Ihnen angetan wurde, in die Hände Gottes, in denen es am besten aufgehoben ist. Auf Sie wartet eine große Freiheit, wenn Sie vergeben haben. Petrus fragte Jesus einmal: „Herr, wie oft muss ich denn meinem Bruder, der an mir sündigt, vergeben? Genügt es siebenmal? Jesus sprach zu ihm: Ich sage dir: nicht siebenmal, sondern siebzig mal siebenmal“ (Matthäus 8,21-22). Je mehr wir uns von der Barmherzigkeit Gottes beschenken lassen, umso leichter wird es für uns werden zu vergeben.

Der Herr ist meine Gerechtigkeit

Gott lässt die Schritte fest werden

Im Spätsommer und Herbst gibt es Tage, in denen sich die Natur in vollendeter Schönheit zeigt. Die Temperaturen sind angenehm, die sich verfärbenden Blätter leuchten in der Sonne und darüber ziehen möglicherweise imposante Wolkenformationen. Das Wetter lädt zu ausgiebigen Wanderungen ein, die immer neue Entdeckungen mit sich bringen.

Während der gleichen Jahreszeit können sich aber auch mit einem Mal Unwetter zusammenbrauen, Herbststürme wirbeln alles durcheinander und man spürt: Der Sommer neigt sich unwiderruflich seinem Ende zu.

Stellen Sie sich z. B. in ähnlicher Weise vor, Sie betreten ein Haus, in dem alle Zimmer hell erleuchtet sind. Alles strahlt und wirkt freundlich. Der Gastgeber kommt auf sie zu und erkundigt sich nach Ihren Wünschen. Aber mit einem Mal durchfährt das Haus ein Beben, alles gerät ins Wanken und am Schluss geht auch noch das Licht aus.

In solch einer völlig unerwarteten Situation wird dann sicher mit einem Schlag deutlich, wie verschieden Menschen auf Veränderungen reagieren, die plötzlich über sie hereinbrechen. Geraten sie vollständig aus der Fassung oder bewahren sie die Ruhe? Oder sind sie vielleicht sogar in einer gewissen Weise vorbereitet auf den Verlust von Schönem und Wertvollem, das sie umgibt?

Gott möchte uns innerlich fest machen, wenn Erschütterungen kommen. In Psalm 17 schreibt der Beter: „Erhalte meinen Gang auf deinen Wegen, dass meine Tritte nicht gleiten. Ich rufe zu dir, denn du, Gott, wirst mich erhören; neige deine Ohren zu mir, höre meine Rede! Beweise deine wunderbare Güte, du Heiland derer, die dir vertrauen gegenüber denen, die sich gegen deine rechte Hand erheben“ (Verse 5-7; Luther).

Gott ist der, der die Schritte fest werden lässt, der uns erhören und seine Güte erweisen möchte. Er ist ein Vater, der über dem inneren und äußeren Ergehen seiner Kinder wacht. Wie ein irdischer Vater ein Haus baut für seine Familie und dadurch einen Schutzraum für sie schafft, so baut auch Gott einen Schutzraum für seine Gemeinde. Und wenn auch in ihrem Umfeld vieles instabil wird, wird doch dieser Zufluchtsort stehen. Darum ist es so wichtig, sich an diesen Ort des Schutzes zu halten. Denn die, die ihn verfehlen oder ablehnen, entziehen sich der schützenden Hand Gottes und verharren an den Orten, über die womöglich sein Gericht kommt.

Das Erscheinen Jesu

Die Bibel berichtet von einem ungewöhnlichen, unmittelbaren Reden Gottes. Der Seher Johannes beschreibt es am Beginn der von ihm niedergeschriebenen Offenbarung:

„An einem Sonntag war es, als Gottes Geist mich ergriff. Ich hörte hinter mir eine gewaltige Stimme, durchdringend wie eine Posaune: ‚Schreibe alles auf, was du siehst, und sende das Buch an die sieben Gemeinden: nach Ephesus, Smyrna und Pergamon, nach Thyatira, Sardes, Philadelphia und Laodicea.‘

Ich drehte mich um, weil ich sehen wollte, wer zu mir sprach. Da sah ich sieben goldene Leuchter. Mitten zwischen ihnen stand einer, der wie ein Mensch aussah. Er hatte einen langen Mantel an, und um die Brust trug er einen goldenen Gürtel.

Die Haare auf seinem Kopf waren wie weiße Wolle, ja leuchtend weiß wie Schnee. Seine Augen glühten wie Feuerflammen, die Füße glänzten wie flüssiges Gold im Schmelzofen, und seine Stimme dröhnte wie ein tosender Wasserfall. In seiner rechten Hand hielt er sieben Sterne, und die Worte aus seinem Mund wirkten wie ein scharfes, doppelschneidiges Schwert. Sein Gesicht leuchtete strahlend hell wie die Sonne.

Als ich das sah, fiel ich wie tot vor seinen Füßen nieder. Aber er legte seine rechte Hand auf mich und sagte: ‚Fürchte dich nicht! Ich bin der Erste und der Letzte, und ich bin der Lebendige. Ich war tot, doch nun lebe ich für immer und ewig, und ich habe Macht über den Tod und das Reich des Todes. Schreibe alles auf, was du siehst: das, was jetzt schon geschieht und was in Zukunft geschehen wird'" (Offenbarung 1,10-19).

Oft denken wir, dass eine solche Offenbarung von Jesus, dem guten Hirten, nur ganz besonders Berufenen zuteil werden kann. Und in der Tat ist der Auftrag des Johannes ein ganz besonderer, nämlich der Gemeinde Jesu Einsicht über das Gericht, aber auch den Segen der Wiederkunft des Herrn in den letzten Tagen zu vermitteln.

Doch der Vater möchte es jedem von uns schenken, dass wir vom Heiligen Geist ergriffen werden. Er sehnt sich danach, uns das Angesicht Jesu zu offenbaren und die ganze Herrlichkeit, in der Jesus wohnt, zu zeigen.

Wenn ich vor ihn komme, dann möchte er auch mir seine rechte Hand auflegen und zu mir sagen: „Fürchte dich nicht! Ich bin der Erste und der Letzte und der Lebendige. Ich war tot, und siehe, ich bin lebendig von Ewigkeit zu Ewigkeit" (Offenbarung 1,17+18).

Die dreifache Gabe

In dieser Vision wird uns etwas über Jesus offenbart, was wir von ihm wie eine dreifache Gabe empfangen dürfen:

- Das Erscheinen Jesu ereignet sich in hellem Licht, es heißt, dass er von sieben Leuchtern umgeben ist. Und auch Johannes wird in dieses Licht eingetaucht. Sein Licht strahlt auch auf uns, wenn wir Jesus in seiner Herrlichkeit begegnen.

- Die Stimme Jesu erschallt außerdem wie eine Posaune und ein großer Wasserfall. Sie ist kein leises Flüstern, das wir ständig überhören könnten. Sie möchte klar und deutlich zu uns reden. Sie bricht hervor, rüttelt uns wach und fließt weiter von uns zu anderen.
- Und schließlich möchte Gottes Wort auch in unserem Munde zu einem zweischneidigen Schwert werden. „Das Wort Gottes ist voller Leben und Kraft. Es ist schärfer als die Klinge eines zweischneidigen Schwertes; dringt es doch bis in unser Innerstes, trennt dort Menschliches von Göttlichem und trifft uns tief in Mark und Bein. Dieses Wort ist ein unbestechlicher Richter über die Gedanken und geheimsten Wünsche unseres Herzens" (Hebräer 4,12).

Es kann z. B. verschiedene Abhängigkeiten unseres Herzens geben, die durch die Gegenwart Jesu ans Licht kommen. Manchmal treten die Bindungen und die Belastungen, die diese Abhängigkeiten verursachen, zunächst so deutlich hervor, dass der Eindruck entstehen könnte, dass Jesus uns mit diesem Problem allein lässt.

Aber eigentlich ist gerade das ein erster Dienst des Heiligen Geistes, alle falschen Abhängigkeiten bloßzulegen und uns auch mit allen Unwahrheiten zu konfrontieren, denen wir bisher glaubten und die unser Verhalten bestimmten.

Eine innere Lüge ist es z. B. zu glauben, dass man für alles Köstliche und Schöne im Leben selbst kämpfen muss. So wie wenn man an einem Apfelbaum steht und sich reckt und streckt, um an ein paar besonders schöne Früchte zu gelangen. Aber ist es nicht ganz anders? Jesus möchte uns eine Frucht in die Hände legen und sagen: Koste einmal von dieser Frucht. Du brauchst sie dir nicht zu verdienen. Im Gegenteil, ich selbst möchte dir damit dienen. Stärke dich an dem, was ich dir gebe, öffne dich für die Köstlichkeiten des Heiligen Geistes. Gewöhne dich an sie.

Geistliche Übung

1. Lesen Sie noch einmal die Begegnung und Vision, die Johannes gegenüber Jesus widerfährt. Schließen Sie dann die Augen und versuchen Sie, sich das Bild im Einzelnen vorzustellen. Werden Sie dann still, um auch die Stimme des guten Hirten hören zu können. Was möchte er Ihnen sagen? Was möchten Sie ihn fragen?

2. Öffnen Sie einmal ihre Hände und legen Sie sie vor sich hin. Nehmen Sie eine empfangende Haltung ein und richten Sie sich auf Jesus aus. Was möchte er Ihnen in die Hände legen und was legt er Ihnen aufs Herz?

In seinen Armen ruhen

Jesus zuerst

Zu Jesu Füßen ist ein Ort der Ruhe. Hier muss niemand mehr aus eigener Kraft stark sein, denn alle Stärke kommt von Jesus und wir sind nur die Empfangenden. Es ist nicht leicht, alles eigene Tun niederzulegen, aber es ist wichtig, wenn wir aus der Kraft Jesu leben wollen. Nur an der „Brust Jesu" können wir zu einer wahren inneren Stärke finden. Von dem Jünger Johannes wird erzählt, dass er beim letzten Abendmahl an der Brust Jesu lehnte und ihn fragte: Herr, wer ist es, der dich verraten wird? (Johannes 13,23-25). An diesem vertrauensvollen Platz konnte er Jesus alle Fragen stellen.

Dieser Platz an der Brust Jesu ist nicht Johannes vorbehalten, sondern jeder von uns ist ein „Jünger, den Jesus liebt" und darf diesen Platz an der Seite Jesu einnehmen. Er lädt uns ein, uns an ihn „anzulehnen", seinen Schutz und seine Nähe zu suchen. Es gibt keinen Ort, an dem eine größere Sicherheit wäre als in den Armen Jesu. Von dort aus bekommen die Dinge ihren richtigen Stellenwert – so wie sie in Jesu Augen sind. Bedrückende Berge an Sorgen werden klein und unser Herz beginnt für Gottes Anliegen zu schlagen. Hier in den Armen Jesu ist die wahre Sicht der Dinge. Wie sehr brauchen wir die Gegenwart Jesu, um die Wahrheit denken und fühlen zu können! Unser

Herz ist oft leer, wenn wir nicht „in Jesus“ sind, d. h. in dieser engen Verbundenheit mit ihm. Angelehnt an seine Brust können wir aber seinen „Herzschlag“ hören und unser Herz beginnt diesem zu folgen und wird darin lebendig.

An der Brust Jesu zu sein ist ein unglaubliches Vorrecht für seine geliebten Kinder. Glauben wir, dass uns dieses Vorrecht wirklich gilt? Sagen wir ja dazu und lassen wir uns an diesen Ort der Ruhe und wahren Stärke führen?

Es ist der Ort seiner Liebe. Nur die Liebe wird uns so nahe zu Jesus bringen, dass wir in seinen Armen ruhen können. Es ist nicht unser Vorstellungsvermögen, es sind nicht unsere Gedanken, die uns dahin führen, sondern allein die Liebe, die der Heilige Geist in uns hineingießt (Römer 5,5). Er nimmt uns mit in die Gegenwart Jesu. Wir suchen dabei nicht zuerst den Frieden, sondern Jesus selbst.

Wenn wir noch zuerst den Frieden suchen, bleiben wir bei uns selbst stehen. Nur wenn wir uns nach Jesus selbst ausstrecken, werden wir seinen Frieden empfangen. Es schmerzt Jesus, wenn wir nur seine Geschenke suchen, aber nicht ihn selbst. So wie es Eltern weh tut, wenn ihre Kinder nur Geschenke von ihnen erbitten, aber nicht die gemeinsame Zeit mit ihren Eltern genießen – allein um ihretwillen.

Augen für die Wirklichkeit Gottes

Jesu Arme sind starke, tragende Arme. Sie sind nicht schwach und gering, Jesus ist nicht hilflos, sondern stark genug, um uns zu helfen! Wenn wir in seinen Armen ruhen, haben wir einen stärkeren Schutz, als ihn uns die Sicherheitsangebote dieser Welt geben können. Worauf verlassen wir uns?

Oft hat uns sein starker Arm gehalten, ohne dass wir es bemerkt haben. Wir dürfen nicht vergessen: Jesus ist der Herr! Ihm sind alle Mächte untertan (Epheser 1,21-22). Auch wenn wir ihn nicht mit unseren Augen sehen können, ist er der König und Herrscher über allem in dieser Welt.

Warum fällt es uns oft so schwer, den Ort in den Armen Jesu einzunehmen und dort die Ruhe zu finden, die unser Tun unter ein neues Vorzeichen stellt? Warum mühen wir uns so oft ab, als ob Jesus nicht da wäre?

Glauben heißt: nicht auf das Sichtbare sehen, sondern Feststehen in dem, was man nicht sieht (Hebräer 11,1). Wie leicht machen wir uns an dem Sichtbaren fest, als ob es die einzige Wirklichkeit wäre! Glauben heißt aber, tiefer zu schauen und uns die Augen für die Wirklichkeit Gottes öffnen zu lassen. Gottes Wort offenbart uns die unsichtbare Wirklichkeit Gottes und sein Geist führt uns in diese Wahrheit hinein, so dass wir sie ergreifen und erfahren können.

Deshalb ist es so wichtig, dass wir uns ganz auf das Wort Gottes stützen und es mit unserem Glauben ergreifen, d. h. ja dazu sagen und uns in seine Wahrheit „hineinwerfen" – so wie wir uns in die Arme Gottes hineinwerfen. Er wird uns auffangen und tragen, er ist verlässlich und treu! Im Loslassen der eigenen Sicherheiten erfahren wir die wahre Sicherheit im Arm Gottes.

Der Ort in seinen Armen ist auch der Platz, an dem sich unsere Seele vollkommen entspannen kann. Jesus ist da und ich bin da – und das ist genug! Er weiß um alles, er fängt mich auf, er steht zu mir und er weiß Rat, wo niemand sonst mehr Rat geben kann. Jeden Druck, der auf mir lastet, kann ich ihm geben, jede Angst vor ihm aussprechen, jeden Anspruch, den ich noch habe, aufgeben und mich bei ihm fallen lassen. Er wird mich trösten – so wie einen seine Mutter tröstet (Jesaja 66,13). Von ihm kommt Weisheit und Klarheit, er vertreibt die Nebel meiner Bitterkeit und entlässt mich aus meiner Schuld. Ich bin frei! Darum muss ich nichts mehr angstvoll festhalten und darf mich ganz und gar fallen lassen – in Jesu Arme.

Geistliche Übung

1. Wo versuchen Sie noch etwas angstvoll festzuhalten, es zu kontrollieren oder aus eigener Kraft etwas zu vollbringen? Es können andere Menschen sein, die Sie beeinflussen und verändern wollen, es kann um eine bestimmte Arbeit gehen, auch um einen geistlichen Dienst, oder um Ihren Besitz oder Ihr eigenes Leben … Jesus möchte Sie von der unnötigen Last befreien, die diese Haltung mit sich bringt.

Er lädt Sie ein und sagt: „Kommt her zu mir, die ihr mühselig und beladen seid, ich will euch erquicken. Nehmt auf euch mein Joch und lernt von mir; denn ich bin sanftmütig und von Herzen demütig; so werdet ihr Ruhe finden für eure Seelen. Denn mein Joch ist sanft und meine Last ist leicht“ (Matthäus 11,29-30; Luther).

Wenn Ihnen etwas bewusst geworden ist, was Sie mühevoll festzuhalten oder zu erreichen suchen, dann lassen Sie es in einem Gebet an Jesus los. Sie können sagen: „Jesus, ich gebe dir die Last, die es bedeutet, dass … Bitte vergib mir, dass ich dir nicht zugetraut habe, dass du dich darum kümmerst. Ich gebe dir alles eigene Tun und Mühen und löse mich von dieser falschen inneren Haltung. Ich will aus deiner Kraft leben und mich von dir leiten lassen. Danke, dass dein Joch sanft und deine Last leicht ist.

---

2. Gibt es eine Situation, in der es Ihnen schwer fällt, mit der schützenden Gegenwart Jesu zu rechnen, und in der Sie sich allein gelassen fühlen? Welche Verheißungen hat Jesus in dieser Situation für Sie bereit? Schreiben Sie sie auf und stellen Sie sich im Glauben auf diese Verheißungen, vor allem dann, wenn Sie sich wieder in dieser Situation befinden. Bergen Sie sich damit in den Armen Jesu.

Vollmacht gewinnen

In der Schule

In einem Internat kamen die Schüler einer Klasse einmal überein, dass sie ihrem Lehrer einen Streich spielen wollten. Jeder der Schüler sollte ein Blatt Papier zusammenknüllen, auf dem er zuvor einige Ziffern beliebig notiert hatte.

Jedes Mal, wenn der Lehrer etwas an die Tafel schreiben würde, sollte jemand schnell unbemerkt vorgehen und den Zettel auf das Pult legen. Dann würde der Lehrer sicher ins Schwitzen und Grübeln kommen, wer das gewesen war und was die sonderbaren Zeichen bedeuteten.

Als der Lehrer dann eine bestimmte mathematische Aufgabe an der Tafel ausführte, gelang es auch tatsächlich dem ersten Schüler, seinen Zettel auf das Pult zu befördern. Zufällig hatte der Lehrer gerade zuvor die Klasse gefragt, welches Ergebnis bei der Aufgabe zu erwarten sei.

Als er sich daraufhin der Klasse zuwandte, sah er den zerknüllten Zettel auf seinem Pult. Er nahm ihn sofort in die Hand und las ihn interessiert. Sobald er die Zahlen las, strahlte der Lehrer plötzlich über das ganze Gesicht: „Das sind ja genau die Zahlen, die beim nächsten Rechenschritt herauskommen würden. Ihr seid wirklich toll, dass ihr so mitdenkt!“

Sorgfältig glättete der Lehrer das Papier und legte es auf dem Pult ab. Dann wandte er sich wieder der Tafel zu. Die Schüler waren ganz perplex, dass sie den Lehrer gar nicht aus der Fassung bringen konnten. Es war ihnen auch irgendwie jede Lust vergangen, weitere Zettel auf das Pult zu befördern. Im Gegenteil, nun verfolgten sie aufmerksam die weiteren Berechnungen an der Tafel.

Als der Lehrer zu dem Ergebnis kam, das auch auf dem Zettel stehen sollte, kam der Schüler, der ihn geschrieben hatte, ganz schön ins Schwitzen. An der Tafel stand ja ein ganz anderes Ergebnis. Er hatte ja ganz andere Zahlen notiert.

Der Lehrer schien das Grübeln des Schülers zu ahnen. Denn er sagte: „Jetzt haben wir doch ein anderes Ergebnis herausbekommen als das eben auf dem Zettel, aber ihr wart sehr aufmerksam.“ Dann schmunzelte er.

„Ich habe schon gemerkt, dass ihr mir eben einen Streich spielen wolltet, aber wenn ich mich geärgert hätte, hättet ihr mich noch mehr vorgeführt. Darum habe ich euch gelobt, also das, was ich am liebsten tue. Und siehe da, schon wart ihr wie verwandelt und wieder bei der Sache.“

Der Ort der Gnade

Diese kleine Geschichte von den Schülern, die ihrem Lehrer einen Streich spielen wollten und der es doch fertig brachte, sie zu loben und sie für sich zu gewinnen, kann uns einen Wesenszug Jesu näher bringen, den wir uns oft nicht ausreichend bewusst machen.

Jesus verzichtete darauf, sich zu wehren und sich zu ärgern, wenn Menschen ihn anfuhren, ihm mit einer Hinterlist aufwarteten oder ihn reizen wollten. Um des Reiches Gottes willen konnte er deutlich und energisch werden, aber seine persönliche Ehre stellte er zurück und verwies immer nur auf den Vater. Dadurch gewann er so viele Menschen für sich, er überwand sie durch seine Liebe und seine Verbundenheit mit dem Vater. In ihm empfingen sie die Gnade Gottes.

Für diese Gnade gibt es im griechischen Neuen Testament ein Wort, das der Apostel Paulus in seiner besonderen Bedeutung formte und gebrauchte. Mit dem Wort *charis* verband er die grundsätzliche Annahme bei Gott, die Gunst, die der Vater im Himmel seinen Kindern verleiht, die durch das Blut Jesu am Kreuz mit ihm versöhnt wurden.

In Römer 1,5 schreibt Paulus dazu: „Ich habe seine Gnade empfangen und bin als sein Apostel beauftragt, in seinem Namen bei allen Völkern Menschen für Gott zu gewinnen, damit sie an ihn glauben und ihm gehorsam sind."

Das Apostelamt empfing Paulus, nachdem er eine dramatische Umkehr erlebt hatte. Mit einem Mal stand er vor Jesus und in seinem Licht (Apostelgeschichte 9,4). Nichts hätte ihn mehr mit seinem eigenen Versagen und seiner Schuld konfrontieren können. Aber gleichzeitig fand er Gnade bei Jesus, der bereit ist, auch den schlimmsten Verfolgern der Gemeinde zu vergeben. Paulus erfüllte es mit tiefer Dankbarkeit, dass Gott ihn so, wie er war, annahm. In dem Leid und der Verfolgung, die er später erlebte, konnte er sich an der von Gott geschenkten Gnade regelrecht festhalten. Und sie motivierte ihn zur treuen Hingabe im Amt, das ihm verliehen worden war.

Die Gnade Gottes können wir uns von daher in keiner Weise verdienen. Wir können ihr nichts hinzufügen und ihr auch nichts zu Gefallen tun. Wir müssen auch nicht immer wieder neu um sie bitten. Sondern wir können uns auf sie verlassen, ihr vertrauen. Sie ist wie ein Ort, an dem wir uns der Liebe Gottes gewiss sein dürfen. Ein Ort, wo wir zur Ruhe kommen und so sein dürfen, wie wir sind, wo wir auch Fehler und Schwächen nicht verbergen müssen.

Von daher werden wir unseren Dienst nur im Gehorsam und in Vollmacht versehen können, wenn wir diesen Ort der Gnade wirklich entdeckt und eingenommen haben. Wenn wir uns zu Jesu Füßen niederlassen und still werden, dann sollten wir in dieses Kraftfeld der Gnade in seiner Gegenwart eintauchen. Hier müssen wir uns nicht mehr um Annahme und Bestätigung Sorgen machen, sondern Jesus sieht uns an und wir dürfen seine Liebe spüren.

„Maria hat das bessere Teil erwählt", sagt Jesus in der biblischen Erzählung (vgl. Lukas 10,42). So ermutigt er die Menschen in seiner Umgebung, sich für diesen Platz an seiner Seite zu entscheiden. Er weiß, dass es unendlich viele Ablenkungen, Widerstände und Ausreden gibt, die einen davon abhalten wollen, sich der Gemeinschaft mit ihm völlig hinzugeben. Und er weiß, dass der Feind diesen Ort der Gegenwart des Herrn und die Kraft, die von ihm ausgeht, fürchtet.

Der Platz zu Jesu Füßen entspricht insofern dem guten Boden aus dem Gleichnis vom Sämann, auf den dieser aussäte und auf dem alles aufging und hundertfach Frucht brachte (Markus 4,20).

Wenn wir uns die anderen Böden in dem Gleichnis in Erinnerung rufen, den zertrampelten Weg, den felsigen und den, auf dem Disteln und Dornen alles Wachstum überwuchern, dann spüren wir, dass Jesus uns einlädt, bei ihm all diese Widerstände abzustreifen. Wir dürfen sein Reden zu uns genießen und endlich einmal empfangen, was uns wirklich stärkt und heil macht. Dann wird dieser Strom des Lebens, der von Jesus ausgeht, von uns weiterfließen zu vielen anderen Menschen hin. Denn es gibt keinen Ort, der so faszinierend, so betörend, aber auch so aufrüttelnd, überführend und ermutigend wäre wie der Platz zu Jesu Füßen.

GEISTLICHE ÜBUNG

1. Stellen Sie sich einmal vor, Sie könnten nun diesen Platz zu Jesu Füßen einnehmen und an ihm ganz zur Ruhe kommen. Was würde Sie möglicherweise daran hindern? Welche Lasten würden Sie gerne abgeben? Welche Schuld möchten Sie bekennen und dafür seine Gnade empfangen?

2. In einem Liedvers heißt es: „Ein Vater gibt seinen Kindern all das, was sie brauchen. Wie viel mehr gibst du uns deinen Geist!" Bitten Sie den Heiligen Geist, dass er kommt und allen inneren Mangel berührt und ausfüllt. Sagen Sie dem himmlischen Vater ganz offen, was Sie brauchen.

3. Erwidern Sie die Liebe des Vaters durch Loblieder und Anbetung. Auch wenn Sie sich emotional noch etwas blockiert fühlen, loben Sie Gott für das, was er in Ihrem Leben getan hat, beten Sie ihn an.

Die Kraft des Heiligen Geistes

Das Feuer im Herzen

Die Freude an der Kraft des Heiligen Geistes kommt aus einem Herzen, das mit sich selbst ausgesöhnt ist. Zunächst möchte unser Herz oft über die Zäune klettern, die durch widrige Umstände im Leben aufgerichtet wurden. Es entwickelt einen großen Eifer, sich selbst zu befreien, für sich zu sorgen und andere für sich einzunehmen.

Die größte Spannung entsteht aber dort, wenn es sich in diesem Bemühen frustriert, enttäuscht und übergangen fühlt. Dann gibt es ein Jammern und Klagen, ein Seufzen und Stöhnen. Und ganz schnell ist das Herz verletzt und zutiefst betroffen. Hat es sich nicht redlich bemüht, hat es nicht gekämpft und auch für andere so viel getan?

Wenn wir nun bereit sind, die Not unseres Herzens vor Jesus auszuschütten, würde er uns dann möglicherweise an Jesaja 4,4-6, an die Läuterung durch Gottes Feuer, erinnern?

„Durch seinen Geist, der Gericht hält und wie ein Feuer brennt, hat der Herr die Einwohner Jerusalems geläutert. So wie man Schmutz abwäscht, hat er sie von ihrer schweren Schuld befreit. Der Herr wird etwas Neues schaffen: Den ganzen Berg Zion und alle, die sich dort versammeln, bedeckt er am Tag mit einer Wolke und in der Nacht mit Rauch und Feuerschein. Es wird sein, als liege ein Schutzdach über diesem herrlichen Ort, das Schatten bietet vor der Sonnenglut und Zuflucht vor Regen und Sturm."

Die Gegenwart Gottes befreit uns also zunächst von Schuld. Sie ist in unserem Herzen ein Richter unserer verborgenen Gedanken und Motive. All das dient aber nur dazu, um das Feuer des Herrn in uns zu entfachen. Dieses Feuer soll brennen im Geist und in der Wahrheit und durch einen Glauben, der bewährt und geprüft ist.

Kraft zur Veränderung

Ein Bekannter von mir las neulich einmal in der Zeitung, dass bei einer Versammlung von Juristen ein Anwalt über die einseitige Gesetzeslage im Bereich des Mieterschutzes geklagt habe. Mitunter sei es schier unmöglich, sich von einem unliebsamen Mieter zu trennen. Und ein z. B. sanierungsbedürftiges Haus könne nicht renoviert und verkauft werden.

Als er dies erzählte, musste ich an die Hartnäckigkeit denken, mit der auch wir uns oft sträuben, das „Haus" zu verlassen, das Gott in unserem Leben vielleicht schon längst erneuern und wiederherstellen wollte. Sind wir sensibel genug zu spüren, wenn Gott uns auffordert, unsere inneren oder äußeren angestammten Plätze zu verlassen, damit er uns neu die Kraft des Heiligen Geistes anvertrauen kann? Oder kommt der Zeitpunkt, wo wir regelrecht aus dem „Haus" geworfen werden und sich die Umstände krisenhaft gegen uns verschwören? Manchmal fragen wir dann sogar, wie Gott das zulassen konnte. Aber wir übersehen dabei unseren so lange geübten Widerstand gegenüber einer Veränderung.

Als ich einmal mit einem kleinen Ruderboot auf einem See fuhr, hatte ich irgendwann den Eindruck, ungefähr die Mitte des Gewässers erreicht zu haben. Das Wasser war zu dieser Zeit recht aufgewühlt und es kostete einige Mühe, vorwärts zu kommen. Über mir flogen Vögel dahin, die wohl das andere Ufer erreichen wollten. Ja, keiner würde sich jetzt wohl auf dem See lange aufhalten, jeder würde versuchen weiterzukommen.

Als ich dort war, musste ich an den Heiligen Geist denken, der in ähnlicher Weise die Mitte unserer Persönlichkeit sucht und in ihr verweilen möchte. Er möchte den Ehrenplatz in unserem Herzen einnehmen. Und wir dürfen lernen, ihm zu dienen mit unserem Verstand, unserem Willen und unseren Gefühlen. Dann werden wir innerlich zur Ruhe kommen. Es wird sein, als wenn uns Flügel gewachsen wären. Der Wind des Heiligen Geistes beginnt uns zu tragen. Und leicht überblicken wir mit einem Mal unseren weiteren Weg.

Sich führen lassen

Oft möchte uns der Heilige Geist auch herausfordern. Dann prüft er uns, ob wir wirklich bereit sind, ihm in allem zu folgen. Stellen Sie sich z. B. folgende Begebenheit vor: Sie sitzen auf einem Kutschbock und halten die Zügel fest in der Hand. Immer wieder rufen Sie „Hü“ und die Pferde parieren. Nun kommen Sie ein gutes Stück voran. Neben Ihnen sitzt aber nun jemand, der möchte die Zügel auch einmal führen. Und er bittet Sie: Gib mir einmal die Zügel, entspann dich und lass dich ein Stück fahren.

Wenn Sie sich dies jetzt vorstellen, werden Sie merken, was es Sie kostet, die Zügel aus der Hand zu geben. Genauso schwer kann es auch sein, wenn es darum geht, in Ihren verschiedenen Lebensbereichen und -aufgaben die eigene Kontrolle loszulassen.

Aber genau so ermöglicht uns der Heilige Geist eine Haltung, in der wir immer mehr bereit sind, die Führung aus der Hand zu geben, uns führen zu lassen und zu vertrauen. Wahre Stärke gründet sich auf dieses innere Loslassen. Sie schöpft aus der Hingabe, zu der unser Herz berufen ist und zu der Gott es befähigen möchte.

Die Gaben des Heiligen Geistes werden oft durch die Erfüllung mit dem Geist geschenkt. Aber noch wichtiger ist es, sie in Verbindung mit einer Aussöhnung des Herzens zu sehen. Denn in einem versöhnten Herzen fühlt sich der Heilige Geist wohl. Dort hat er Raum, sich zu entfalten. Dort ist er nicht so gebunden an die unterschiedlichsten Regeln und Vorschriften, die wir uns selbst machen und die zu unserer Sicherheit beitragen sollen. Der Heilige Geist wird dann selbst als die größte Sicherheit geehrt, als das Auge im Sturm und als der Kompass auf der weiten See des eigenen Lebens.

Geistliche Übung

1. Angenommen, Sie würden mit einem Freund auf einer Anhöhe stehen und könnten einen weiten Blick tun auf die nächsten Abschnitte Ihres Lebens: Könnten Sie Ihrem Freund dann zeigen und erklären, wo die nächsten Ziele liegen, die Sie mit Jesus erreichen möchten? Versuchen Sie einmal, drei Bereiche hervorzuheben.

a. ______________________________

b. ______________________________

c. ______________________________

2. Wenn Ihnen dies schwer fällt, dann schließen Sie doch einmal einen Moment die Augen. Stellen Sie sich nun vor, Jesus stünde an Ihrer Seite und er würde Ihnen etwas über Ihre Berufung sagen. Nehmen Sie sich Zeit auf ihn zu hören. Sie können ihn auch etwas fragen.

____

____

____

Lobpreis und Anbetung

Jesus ist der Massstab

Wenn wir in die Gegenwart Jesu kommen, können wir eigentlich gar nicht anders, als ihn anzubeten und ihn zu loben. Denn seine Gegenwart erfüllt uns mit Freude, die wir zum Ausdruck bringen wollen. Lieder kommen uns über die Lippen, oder wir sagen Jesus unsere Liebe. Die Beziehung zu Jesus ist immer ein Hin- und Herschwingen, ein Empfangen und Zurückgeben.

Bei Maria von Betanien, die zu Jesu Füßen saß, können wir sehr schön sehen, wie sie ihre Liebe zu Jesus zum Ausdruck brachte. Das ist auch ein Bild für unsere Anbetung. Sie holte ein Fläschchen mit kostbarem Nardenöl, zerbrach es und goss es über die Füße Jesu (Johannes 12,3). Das ganze Haus wurde erfüllt vom Duft des Öls. Was könnte das Salböl in Bezug auf unsere Anbetung bedeuten? Es war das Kostbarste, das Maria hatte. Deshalb hat Judas auch sofort empört gesagt: „Das Öl ist ein Vermögen wert. Es wäre besser gewesen, man hätte es für dreihundert Silberstücke verkauft und das Geld den Armen gegeben“ (Johannes 12,5).

Was ist das Kostbarste, das wir geben können – nicht an Geld und Besitz allein, sondern was uns auf dieser Welt am meisten bedeutet?

Vielleicht ist es unsere Ehre, das, was andere Menschen über uns denken und sagen. Wenn wir dieses „Salböl der Ehre“ Jesus geben, dann behalten wir nichts für uns selbst zurück. Alle Ehre gehört Jesus!

Das Salböl können auch unsere Lieben sein, d. h. Menschen, die uns besonders anvertraut sind, denen wir zugehören, die wir lieben. Können wir sie denn auch Jesus geben? Ja, indem wir alle Herrschaftsansprüche über sie aufgeben. Sie gehören nicht uns, nicht einmal unser Ehepartner und unsere Kinder. Wir haben kein Besitzrecht über sie, sie müssen sich nicht so verändern, wie wir es wollen, sondern sie dürfen sich in das Bild Jesu hinein entwickeln. Jesus ist das Ziel und der Maßstab, nicht wir. Wenn wir die Menschen, die wir lieben, Jesus anvertrauen, dann ehren wir ihn damit. Wir zeigen Jesus, dass er das Zentrum sein darf in allem, was uns wichtig ist.

Vielleicht haben wir auch einen besonderen Wunsch auf dem Herzen, etwas Kostbares, Edles, das Jesus gefällt. Sind wir bereit, dieses Herzensanliegen an Jesus loszulassen, es wie das Salböl über ihn „auszugießen“? Dieser Wunsch wird nicht verloren sein, sondern wir „salben“ Jesus damit, wir tun ihm Gutes, wenn wir unsere innersten Sehnsüchte ihm anvertrauen. Denn nichts kann ihm unser Vertrauen stärker zeigen, als wenn wir unsere guten Wünsche ihm zu Füßen legen. Er wird sie aufnehmen und erfüllen nach seiner Weisheit.

Dir gehört mein Herz

Das Salböl steht auch für unsere Liebe zu Jesus. Sie hat einen zarten, unwiderstehlichen Duft, niemand kann sich diesem „Duft der Liebe“ entziehen. Wen oder was lieben wir in unserem Leben am meisten? Ist es Jesus, dem alle unsere Liebe gehört und der an erster Stelle steht? Jesus sagte einmal: „Wer seinen Vater oder seine Mutter, seinen Sohn oder seine Tochter mehr liebt als mich, der ist es nicht wert, dass ich für ihn da bin“ (Matthäus 10,37).

Unsere Liebe ist immer nur die Antwort auf seine Liebe. Jesus liebt uns über alles – hätte er sonst sein Leben für uns hingegeben? „Die größte Liebe beweist jemand, der sein Leben für die Freunde hingibt“ (Johannes 15,13). Weil seine Liebe so groß ist, sollte unsere Liebe nicht kleiner sein.

So wie Maria ihr Salböl über die Füße Jesu goss und ihm damit diente, können auch wir Jesus mit unserer Liebe dienen. „Was ihr für einen meiner geringsten Brüder getan habt, das habt ihr für mich getan" (Matthäus 25,40). Wenn wir einen anderen Menschen in der Liebe Jesu lieben und ihm dienen, dann ist es so, als ob wir es Jesus selbst getan hätten. Sein eigenes Herz ist davon angerührt, wenn wir anderen, gerade Schwachen und Armen, Gutes tun. Auch diese Liebesdienste sind eine Form von Anbetung. Anbetung heißt ja: „Jesus, du stehst über allem! Für dich lebe ich und dir diene ich. Ich möchte dir in allem gefallen, weil ich dich liebe. Du bist mein König, dem ich gehöre. Mein ganzes Herz gehört dir allein."

Das, was Maria herschenkt, kann sie nicht wieder zurücknehmen. Sie kann das Salböl nicht wieder einsammeln und in die Flasche zurückfüllen, sie will es auch gar nicht. Aber in unserer Anbetung und Hingabe geschieht es manchmal, dass wir Jesus erst alles versprechen und dann unser Versprechen doch wieder still und heimlich zurücknehmen. Wir schenken ihm alle unsere Liebe – und nach einiger Zeit lieben wir anderes doch mehr als Jesus. Aber wahre Hingabe kann wie das Nardenöl nicht wieder zurückgenommen werden.

Mit dem Salböl verschenkt sich Maria selbst. Das Öl ist nicht nur ein kostbarer Besitz, das Wertvollste, was sie hat, es steht für die Hingabe ihres ganzen Lebens. Sie verschenkt sich selbst an Jesus. Wenn wir zu Jesu Füßen sitzen, dann geht es immer um die Frage unseres Herzens: Wem gehört es? An was hängt es? Jesus sagt: „Niemand kann gleichzeitig zwei Herren dienen. Wer dem einen richtig dienen will, wird sich um die Wünsche des andern nicht kümmern können." „Wo nämlich eure Schätze sind, da zieht es euch hin" (Matthäus 6,24.21).

Wenn wir zu Jesus sagen: Dir gehört mein Herz, dann übereignen wir uns ihm mit unserem ganzen Leben. Wir verankern uns in ihm und machen uns bei ihm fest, so dass uns niemand mehr von ihm losreißen kann. Kein anderes Gebet erfreut Jesus so sehr, als wenn wir ihm sagen: Dir gehört mein Herz. Er ist unser Meister, dem wir folgen und von dem wir alles erwarten.

Geistliche Übung

1. Welches ist Ihre besondere Art, um Jesus anzubeten und ihm Ihre Liebe zu zeigen? Sie dürfen auf Ihre ganz persönliche Art, mit Ihren speziellen Begabungen zum Ausdruck bringen, was Ihnen Jesus bedeutet: vielleicht mit einem selbst erdachten Lied, mit einem Freudensprung oder mit einem ehrfürchtigen Schweigen, in dem Sie Ihr Herz vor Jesus weit öffnen. Vielleicht malen Sie ein Bild für ihn oder schreiben ein Liebesgedicht. Oder Sie erzählen ihm wie einem guten Freund all das Schöne, was Sie erleben. Jedes kleine „Danke" mitten am Tag bringt Ihr Herz mit seinem in Verbindung und er freut sich darüber.

2. Was ist Ihr „Salböl", das Sie Jesus schenken wollen? Was ist das Schönste und Kostbarste, das Sie ihm geben können?

3. Möchten Sie an dieser Stelle Jesus sagen: Dir gehört mein Herz? Was ist für Sie in diesem Gebet alles enthalten?

In Beziehung wachsen

Seine Königsherrschaft

Jesus ist immer derselbe, er verändert sich nie. Doch die Beziehung zu ihm ist etwas ganz Lebendiges, was jeden Tag neu ist. Jesus ist so voller Leben, dass auch jede Beziehung zu ihm von seinem Leben erfüllt wird. Sie ist nie etwas Statisches, Konserviertes, sondern sie soll wachsen zu größerer Intensität hin. Wir können nicht sagen: Jetzt bin ich zufrieden mit meiner Beziehung zu Jesus, als ob wir sie auf diesem Stand festschreiben könnten. Nein, wie jede andere vertraute Beziehung muss auch sie jeden Tag neu gelebt werden, sonst wird sie unwillkürlich schwächer und ärmer.

Jesus möchte unser Herz erobern. Er möchte uns begeistern mit seinen Plänen. Deshalb kann es nie einen Stillstand in der Beziehung zwischen uns und Jesus geben. Er will uns immer tiefer in seine Geheimnisse und in sein Wirken hineinführen. Jesus hat uns gesagt: „Ihr seid meine Freunde, wenn ihr tut, was ich euch aufgetragen habe. Ich nenne euch nicht mehr Knechte; denn einem Knecht sagt der Herr nicht, was er vorhat. Ihr aber seid meine Freunde; denn ich habe euch alles gesagt, was ich vom Vater gehört habe“ (Johannes 15,14-15).

Jesus will uns auch heute mitteilen, was der Wille seines Vaters ist. Er will uns in die Pläne des Vaters mit hineinnehmen. Unser Gott errichtet seine Königsherrschaft, er tut es in machtvoller Weise, bis die ganze Welt von der Ehre Gottes erfüllt ist und „jeder ohne Ausnahme zur Ehre Gottes, des Vaters, bekennt: Jesus Christus ist der Herr!“ (Philipper 2,11). Wir können in allem mit Jesus im Gespräch sein so wie mit einem Freund und ihn z. B. fragen: Jesus, wie siehst du das? Was denkst du darüber? Was ist dir jetzt wichtig?

Vieles davon werden wir durch sein Wort in der Bibel erfahren. Nicht umsonst sagt Jesus, dass wir in der engen Beziehung zu ihm bleiben, wenn seine Worte in uns bleiben (Johannes 15,7). Wenn wir einen Menschen sehr lieben, dann klingen seine Worte in uns nach, sie sind wie Kostbarkeiten in uns gespeichert und wir wollen das tun, was ihm gefällt. So ist es auch in unserer Beziehung zu Jesus. Was Jesus gefällt, ist vollkommen, es ist hundert Prozent Liebe und hundert Prozent Wahrheit, so dass wir immer richtig liegen, seinem Willen zu folgen.

Was würde Jesus tun?

Es gibt die bekannte Frage: „Was würde Jesus tun?“ An ihr können wir uns in vielen Situationen orientieren. Durch den Heiligen Geist gibt uns Jesus Antwort, was er jetzt tun würde. Er zeigt uns, wie er jetzt beten würde, wie seine Liebe jetzt Gestalt gewinnen würde. Wenn wir in die Evangelien schauen, bekommen wir oft direkte Antworten auf unsere Fragen, z. B. wie Jesus mit Kranken und Behinderten umgegangen ist oder welchen Stellenwert das Geld für ihn hatte oder wie Jesus die Ehe und Familie sieht. In manchen Fragen wird uns Jesus zu Bibelworten hinführen, die auf unsere Frage Antwort geben, auch wenn unsere Angelegenheit nicht unmittelbar in der Bibel vorkommt. Zum anderen redet Jesus durch die leise Stimme des Heiligen Geistes zu uns und will uns in allen Lagen leiten.

Durch das innige Gespräch mit Jesus wird unsere Freundschaft Stück für Stück wachsen. Es gibt nichts, über das wir mit Jesus nicht im Gespräch sein können. Alles, was uns angeht, geht auch ihn an. Wir brauchen vor ihm nichts zu verstecken – er kennt uns ohnehin durch und durch. Wenn wir unser Herz vor ihm öffnen, dann wird er uns auch den richtigen Weg weisen und uns vor Gefahren und Abgründen warnen.

Je mehr wir mit Jesus vertraut werden, umso sensibler werden wir, wenn wir nicht mehr in Einheit mit seinem Willen sind. Jede leise Störung, die zwischen uns spürbar wird, bringt uns dazu umzukehren und in Jesu Arme zurückzulaufen. Jesu Reden ist sanft, aber deutlich. Seine Liebe ist voller Klarheit und Liebe. Wie ein guter Freund freut sich Jesus mit, wenn wir in unserer Entwicklung Fortschritte machen. Er möchte uns zu Durchbrüchen verhelfen, so dass wir sicherer in ihm werden, d. h. unsere Identität fest auf ihn gründen, unser Vertrauen ganz und gar auf ihn werfen und ihm wie gute Jünger blind folgen.

Anteil an seiner Liebe

Die Freundschaft zu Jesus wächst im Gehorsam: „Wenn ihr meine Gebote haltet, so bleibt ihr in meiner Liebe, wie ich meines Vaters Gebote halte und bleibe in seiner Liebe. – Das ist mein Gebot, dass ihr euch untereinander liebt, wie ich euch liebe“ (Johannes 15,10.12, Luther). Wenn wir „Gebote“ hören, denken wir oft zuerst an etwas Schweres, Mühsames. Aber Gottes Gebote sind leicht, sie sind keine Last, sondern Leben! Wer in seinen Geboten lebt, erfährt, wie sich die Türen zum wahren Leben öffnen: Liebe, Treue, Geduld, Frieden, Sanftmut, Freundlichkeit … Je mehr wir dieser Spur folgen, desto mehr werden wir die Freude entdecken, die darin besteht, auf dem Weg Jesu zu gehen. Deshalb sagt Jesus gleich anschließend: „Das alles sage ich euch, damit meine Freude euch ganz erfüllt und eure Freude dadurch vollkommen wird“ (Johannes 15,11). Das heißt, wenn wir uns untereinander lieben, wird unsere Freude vollkommen!

Unsere Beziehung zu Jesus ist nicht zu trennen von den Beziehungen, die wir untereinander haben. Es macht Jesus traurig, wenn wir das, was wir von ihm empfangen – Vergebung, Liebe, Barmherzigkeit, Annahme – nicht an andere Menschen weitergeben. Überdeutlich schildert uns Jesus dieses Verhalten im Gleichnis vom Schalksknecht (Matthäus 18,21-35): Wer Tausende geschenkt bekommt, ein ganzes Meer voller Erbarmen und Liebe, kann einem anderen nicht eine Kleinigkeit vorenthalten! Wenn wir Gottes Liebe nicht an andere weiterfließen lassen, dann zeigt das, dass seine Liebe noch nicht wirklich in unserem Herzen angekommen ist. Denn wenn unser Herz wirklich gefüllt ist mit Gottes Liebe, dann kann es nicht anders als übersprudeln. Dann werden unsere Augen barmherzig, weil wir wissen, dass wir selbst jede Stunde aus der Barmherzigkeit Gottes leben. Wenn wir von der Güte Gottes überwältigt worden sind, dann drängt es uns, auch andere die Güte Gottes schmecken zu lassen.

Jesus will uns an seiner Liebe Anteil geben, so dass wir mit seinem Herzen lieben lernen. Seine Liebe ist „geduldig und freundlich. Sie kennt keinen Neid, keine Selbstsucht, sie prahlt nicht und ist nicht überheblich. Liebe ist weder verletzend noch auf sich selbst bedacht, weder reizbar noch nachtragend. Sie freut sich nicht am Unrecht, sondern freut sich, wenn die Wahrheit siegt. Diese Liebe erträgt alles, sie glaubt alles, sie hofft alles und hält allem stand“ (1. Korinther 13,4-7). So ist Jesu Liebe zu uns! Seine Liebe hört nie auf! In der Freundschaft zu Jesus dürfen wir sicher sein, gehalten von seiner Liebe. Sie ist der Garant, dass unsere Beziehung zu Jesus nicht abreißen wird. Auch in unserem Versagen lässt er uns nicht los. Wenn wir ihm unser Leben gegeben haben, wird uns nichts aus seiner Hand reißen können (Johannes 10,28). Er ist treu – selbst dann, wenn wir untreu sind (Römer 3,3). Seine Liebe holt uns zurück!

Geistliche Übung

1. Wie erleben Sie Ihre Freundschaft zu Jesus? Im vertrauten Gespräch bleibt die Freundschaft zu Jesus lebendig. Deshalb erzählen Sie Jesus alles, was Sie heute erlebt haben, und hören auf das, was er Ihnen dazu sagen wird, seine Weisheit, seinen Trost, seine heilsame Korrektur, seine Liebe, sein Erbarmen.

2. Jesus möchte Ihnen an seinen Plänen Anteil geben. Wollen Sie sich ihm zur Verfügung stellen, so dass er seine Pläne durch Sie erfüllen kann? Auch die Jünger stellten sich Jesus zur Verfügung, als er sie mit den Worten aussandte: „Die Ernte ist groß, aber es gibt zu wenig Arbeiter, die sie einbringen. Deshalb bittet Gott, den Herrn der Ernte, dass er mehr Arbeiter aussendet, die seine Ernte einbringen. Geht nun! Ich weiß, dass ich euch wie Lämmer mitten unter die Wölfe schicke. – Heilt die Kranken in der Stadt und sagt allen Leuten: Jetzt beginnt Gottes Herrschaft bei euch" (Lukas 10,2-3.9).

3. Lassen Sie sich von der Liebe Jesu beschenken, von dieser Liebe, die langmütig und freundlich ist, alles hofft und glaubt. Jesus sieht mit dieser Liebe auf Sie! Hören Sie auf seine liebevolle Stimme, was er Ihnen sagt:

Verantwortung und Leiterschaft

Mit Jesus Kreise ziehen

Als Jesus die Jünger berief, ging er am See Genezareth entlang. Dort sah er „zwei Brüder: Simon, der später Petrus genannt wurde, und seinen Bruder Andreas. Sie waren Fischer und warfen gerade ihre Netze aus. Jesus rief ihnen zu: ‚Kommt mit mir! Ich will euch zeigen, wie ihr Menschen für Gott gewinnen könnt.' Da ließen sie ihre Netze liegen und folgten ihm" (Matthäus 4,18-20).

Wenn wir Leiterschaft und Verantwortung im Reich Gottes übernehmen wollen, ist es wichtig, dass wir bereit sind, die eigenen vertrauten „Netze", d. h. die alten Lebensmuster, loszulassen. Dies ist oft nicht so einfach, gerade wenn wir bisher daran gewöhnt waren, durch sie unsere Existenz in den verschiedenen Lebensbereichen abzusichern. Wir lesen oft schnell über die Berufung der Jünger hinweg, aber machen wir uns bewusst, was es wirklich bedeutet, sich für das Fischen von Menschen bereit zu machen?

Der Wunsch nach eigener Ehre kann dabei oft ein großes Hindernis sein. Ist dieser Wunsch nach Ehre vielleicht so ein altes „Netz" in meinem Leben? Wenn ich jedoch Jesus nachfolge, dann ist es wichtig, mir immer wieder die Einzigartigkeit dieser Beziehung zu ihm bewusst zu machen.

Wer an einem Ufer steht und einen Stein ins Wasser wirft, der kann sehen, wie sein Wurf auf dem Wasser Kreise zieht. Wer versucht, Jesus in allem zu folgen, der kann erleben, wie ständig Liebe, Kraft und Weisheit in solch konzentrischen Kreisen von Jesus ausgehen.

Wer Liebe und Anerkennung jedoch noch vor allem bei anderen Menschen sucht, der ist ständig bemüht, ein Gefäß zu füllen, das eine undichte Stelle hat. Und auch wenn andere immer wieder etwas hineinfließen lassen, leert es sich doch schnell wieder.

Wie sehr ist nun unser Beziehungsverhalten davon bestimmt, dass wir bewusst oder unbewusst auf unsere Darstellung bedacht sind? Es ist vergleichbar mit einem Graphiker, dessen Aufgabe darin besteht, zu einem bestimmten Thema eine gelungene symbolisch und farblich abgestimmte Darstellung zu komponieren. Am Schluss kommt es dann darauf an, dass die Abbildung viele Leute anspricht und ihr Interesse geweckt wird. Bemühen wir uns nicht auch oft, das beste Bild abzugeben und das Interesse anderer zu wecken?

Wo jedoch der Heilige Geist gestalterischen Spielraum gewinnt, da fügt er in uns ein neues Bild, ein Bild des Glaubens, zusammen und er weckt durch uns bei anderen die Neugier auf Jesus.

Von daher kommt alles darauf an, dass wir uns in der Gegenwart Jesu aufhalten und bewegen. Sein Wesen ist ebenso explosiv wie eindringlich, behutsam und klar. Wenn wir in seine Augen schauen, können wir darin das lodernde Feuer seiner Liebe und die Tiefe seiner Hingabe erkennen. Immer wieder kann uns sein Feuer erwärmen und seine Selbstlosigkeit freisetzen, bis es in uns selbst zu brennen beginnt und wir voller Begeisterung rufen: Jesus, Jesus!

Der Schlüssel zum Erfolg

Unser Leben bringt es oft mit sich, dass wir viele Rollen ausfüllen und in den verschiedenen Bereichen Verantwortung übernehmen müssen. Der Schlüssel zum Erfolg liegt im Reich Gottes in dem schlichten Vertrauen, dass Jesus es mir nie an Weisheit und Unterstützung fehlen lassen wird. Alle Aufgaben und Entscheidungen kann ich im Vorfeld in seine Hand legen. Er kann mir zeigen, wo es darum geht, Grenzen zu setzen oder eine neue Herausforderung anzunehmen. Durch das Hören auf seine Stimme leitet er mein „Schiff“ durch alle Strömungen und Untiefen und ich kann sicher Kurs halten.

Verantwortung wird immer dort als schwere Last empfunden, wo ich mich seelisch von ihr gefangen nehmen und bedrücken lasse. Ich habe dann das Gefühl, das Geschick und Ergehen anderer hängt von mir und meinen Entscheidungen ab. In dieser emotional angespannten Situation ist es dann oft schwer, die feinen Impulse des Heiligen Geistes noch wahrzunehmen, der mich in alle Wahrheit leiten möchte. Wir dürfen Jesus in unserem Herzen alle komplizierten Situationen anvertrauen.

„Nun lebe nicht mehr ich, sondern Christus lebt in mir“, heißt es in Galater 2,20 (Luther). Diese Zusage können wir auch variieren und sagen: Nun entscheide nicht mehr ich, sondern Christus entscheidet in mir. Nun bestimme nicht mehr ich, sondern Christus bestimmt in mir. Nun regiere nicht mehr ich, sondern Christus regiert in mir.

Das Sprachengebet kann eine Hilfe sein, mich auf Jesus auszurichten. In schwierigen Situationen habe ich es mir angewöhnt, zunächst eine längere Zeit in Sprachen zu beten, manchmal über eine Stunde. Ich habe den Eindruck, dass dadurch der Kanal zwischen mir und Jesus lebendig wird. Und schon fließen die Worte leichter hin und her. Ich schaue auf Jesus und er beginnt, mir zu antworten und mich auf Dinge aufmerksam zu machen.

Manchmal begegnen wir Jesus mit einem gewissen Geschäftssinn. Wir überschlagen die Kosten und investieren gerade nur so viel Gebet, dass wir meinen, nun müsse von seiner Seite her die richtige Antwort herausspringen. Aber Jesus möchte als Person in seiner Heiligkeit geachtet werden. Wie gehe ich mit jemanden um, vor dem ich hohen Respekt habe? Wie trage ich ihm meine Anliegen vor? Kann ich dabei auch Liebe und Anerkennung zum Ausdruck bringen?

In der heutigen Zeit haben Umgangsformen häufig keinen besonderen Stellenwert mehr. In der Beziehung zu Jesus gewinnen sie aber ganz neu an Bedeutung. Denn sie bringen zum Ausdruck, welche Stellung der andere für mich hat, was er mir bedeutet und was ich mir von der Begegnung mit ihm erwarte.

Die Salbung des Heiligen Geistes

In einer Kirche ist gelegentlich über der Kanzel eine Taube als Symbol für den Heiligen Geist zu sehen. Wenn der Prediger dort steht, dann erinnert dies daran, dass er unter der Herrschaft und Leitung des Geistes das Wort verkündigen darf und dass der Geist und das Wort sich in der Predigt verbinden wollen. Derjenige, der die Bibel auslegt, kann sich immer wieder bewusst machen, dass allein der Heilige Geist das Wort Gottes zu jenem scharfen Schwert machen kann, das durchdringt, Menschen mit der Wahrheit konfrontiert und ihnen Jesus als persönlichen Erlöser offenbart.

Der Heilige Geist salbt immer dort einen Dienst, wo er nicht in die Schranken gewiesen wird, sondern wo wir in einer Haltung der Anbetung die Orientierung und Unterweisung immer bei ihm suchen. Der 1. Johannesbrief ermuntert uns, in der Salbung zu bleiben, die wir empfangen haben.

Dazu heißt es in Kapitel 2,27-28: „Und die Salbung, die ihr von ihm empfangen habt, bleibt in euch, und ihr habt nicht nötig, dass euch jemand lehrt; sondern wie euch seine Salbung alles lehrt, so ist‘s wahr und ist keine Lüge, und wie sie euch gelehrt hat, so bleibt in ihm. Und nun, Kinder, bleibt in ihm, damit wir, wenn er offenbart wird, Zuversicht haben und nicht zuschanden werden vor ihm, wenn er kommt“ (Luther).

Die Salbung des Heiligen Geistes ist das helle Licht, das jeden von uns Christen, unsere Gemeinschaften und unseren Dienst auszeichnen möchte. Dann ist es nicht mehr unser Umfeld und unsere Umgebung, die uns den Weg diktieren, sondern der Heilige Geist, der in uns lebt, zeigt uns auf, worauf es ankommt, wie wir beten können und was wir in seiner Kraft ausrichten können. Wir dürfen Gesalbte des Herrn sein. Das bedeutet, der Herr beschenkt uns, genauso wie er durch uns redet und handelt. So kann das Licht Jesu durch uns wirken.

GEISTLICHE ÜBUNG

1. Stellen Sie sich die Berufung des Petrus in die Nachfolge noch einmal vor. Denken Sie an die Netze, mit denen man sich auch ohne Jesus das, was man im Leben braucht, an Land ziehen kann. Gibt es noch solche Netze/Verhaltensmuster, die Sie festhalten, obwohl Sie sich in ihnen gefangen fühlen?

Vielleicht gehören dazu innere Festlegungen wie z. B.: „Ich muss immer gut (angepasst, perfekt, fehlerlos ...) sein, um geliebt zu werden." Bin ich bereit, mich im Namen Jesu von einem solchen Motto zu lösen? Schreiben Sie hier alle Sätze auf, die Ihr Denken und Handeln unbewusst bestimmen wollen. Vielleicht beginnen Sie mit: „Ich muss immer …"

---

2. Wo brauche ich neu Rat, Korrektur oder auch Bevollmächtigung durch den Heiligen Geist? Schreiben Sie dies nun im Einzelnen auf.

---

3. In welchem Bereich meines Dienstes wünsche ich mir eine stärkere Manifestation und Salbung des Heiligen Geistes? Bin ich bereit, dafür Zeiten des Betens und Fastens zu investieren? Schreiben Sie die Bereiche auf und beten Sie darüber.

Die Gaben des Geistes

Von Jesus lernen

Wenn wir zu Jesu Füßen sitzen, möchte er uns mit seinen Gaben beschenken und ausrüsten. Die Jünger wussten, dass sie von sich aus gar nichts tun konnten. Sie waren manchmal sogar ausgesprochen hilflos und ungeschickt. Aber umso mehr machten sie sich von Jesus abhängig. Alles, was sie taten, konnten sie nur „in Jesu Namen" tun, d. h. in seinem Auftrag und in seiner Vollmacht.

Die Geistesgaben geben uns Anteil an der Vollmacht Jesu. Wenn wir mit den Gaben des Heiligen Geistes anderen Menschen dienen, dann dienen wir ihnen mit der Kraft und Autorität Jesu. Deshalb schließen uns die Geistesgaben eng mit Jesus zusammen. Es ist seine Liebe, die durch die Gaben zum Ausdruck kommt, es ist seine Heilung, die durch die Gaben fließt, und es ist seine Kraft, in der wir Autorität über böse Mächte haben. Die Geistesgaben machen uns also nicht unabhängig von Jesus, sondern ganz im Gegenteil: In ihnen sind wir ganz und gar abhängig von Jesus.

Wenn wir zu Jesus kommen, können wir ihn voller Vertrauen um diejenigen Gaben bitten, die wir für unseren Dienst brauchen. Wenn wir z. B. in der Seelsorge tätig sind, bitten wir ihn um die Gabe der Weisheit und Unterscheidung. Jesus ist der allerbeste Seelsorger, der den völligen Durchblick hat, und durch die Geistesgaben kommt er als der Seelsorger zum Zug – durch uns hindurch.

Je mehr wir vom Heiligen Geist erfüllt sind, umso näher sind wir Jesus. Denn es ist sein Geist, der in uns wohnt. So wie es in Galater 4,6 heißt: „Weil ihr nun seine Kinder seid, schenkte euch Gott seinen Heiligen Geist, denselben Geist, den auch der Sohn hat. Deshalb dürft ihr jetzt im Gebet zu Gott sagen: ‚Lieber Vater!'"

Jesus hatte alle Geistesgaben, denn „in ihm wohnt die ganze Fülle der Gottheit leibhaftig" (Kolosser 2,9, Luther). Bei ihm können wir am allerbesten lernen, auf welche Weise wir mit den Geistesgaben den Menschen dienen können und wie damit das Reich Gottes wächst. Wenn Jesus die Kranken anrührte, wurden sie geheilt. Voller Liebe hat er sich ihnen zugewandt, sie berührt und sie aufgerichtet. Keine Krankheit war ihm zu anstößig, zu unangenehm, sondern jedem Menschen begegnete er mit der Barmherzigkeit Gottes. Wir sehen bei Jesus, wie die Geistesgaben völlig von Liebe durchdrungen sind. Wie könnte es auch anders sein, denn Gottes Geist ist genauso voller Liebe, wie Gott, der Vater, die Liebe ist.

Jesus hatte auch die Gabe der Prophetie. Der Frau am Jakobsbrunnen sagte er, dass sie fünf Männer gehabt habe und der jetzige nicht ihr Mann sei. Er sagte es nicht, um die Frau zu demütigen, sondern um ihr zu zeigen, dass er der Messias ist (Johannes 4,29). Seine prophetischen Worte waren in ein seelsorgerliches Handeln eingebettet, er begegnete der Frau aus Samarien mit einer Achtung, die ihr sonst niemand entgegenbrachte. Wir können daran erkennen, wie er behutsam und liebevoll mit den Gaben des Geistes umgegangen ist und zugleich in aller Kraft und Autorität Gottes wirkte. Jesus hat seine Jünger ausgesandt, damit sie die gleichen Werke wie er tun, sogar noch größere (Johannes 14,12)!

Manchmal denken wir, dass wir bestimmte Geistesgaben nicht brauchen. Aber oft verbirgt sich dahinter die Unkenntnis, was diese Geistesgaben bedeuten und wie sie konkret dem Aufbau des Reiches Gottes dienen. Jede Gabe hat ihren besonderen, kostbaren Platz darin! Keine ist unnötig oder weniger wichtig. Was Gott schenkt, das sollten wir nicht verachten. Jede Gabe dient dazu, dass Gottes Liebe in unserer

Welt sichtbar wird und seine gute Herrschaft sich ausbreitet – in den Herzen der Menschen, im Miteinander und in allen Bereichen unseres Lebens. So wie Jesus von Dorf zu Dorf gezogen ist und das Heil Gottes sich dort ausbreitete, so dürfen wir als seine Jünger mit den Gaben des Geistes ebenso das Heil Gottes zu den Menschen bringen. Ist das nicht ein großes Vorrecht?

Gott wirkt ganzheitlich

Gottes Heil umfasst Leib, Seele und Geist des Menschen. Auf allen Ebenen will Gott uns wiederherstellen, aufrichten, retten, segnen, reinigen … Er sieht uns ganzheitlich, so dass Leib, Seele und Geist ganz eng zusammengehören. Deshalb sind auch die Geistesgaben in allen Bereichen des Menschen wirksam.

Wir empfangen die Geistesgaben wie ein kostbares Geschenk aus der Hand Jesu. Er sagt zu uns: „Hier, nimm diese Gabe von mir an. Es ist ein Stück von mir und von meiner Herrlichkeit, das ich dir anvertraue. Bringe es zu den Menschen, die ich liebe. Diene ihnen mit meinen Gaben.“ Was uns manchmal hindert, diesen eigentlich ganz einfachen Auftrag auszuführen, ist, dass wir plötzlich wieder auf uns selbst schauen und dann denken: „Ich kann es nicht! Wer bin ich denn schon, dass ich anderen helfen könnte, sie aus ihrer Not retten könnte, sie heilen oder im Glauben weiterführen könnte?“

Es ist richtig: Wir können es nicht! Aber Jesus in uns kann es! Er hat alle Macht zu helfen, zu retten, zu heilen. Ihm ist nichts unmöglich. Deshalb ist es so wichtig, dass wir beim Einsatz der Geistesgaben von uns selbst wegsehen und uns ganz auf Jesus ausrichten. Er ist jetzt Herr der Lage! Er weiß jetzt, was zu tun ist. Von ihm kommt jetzt alle Kraft und Autorität – nicht von mir selbst. Ich kann dann völlig loslassen und mich der Führung Jesu anvertrauen.

Es sind gar nicht meine Gaben, sondern es sind seine Gaben, die er mir nur anvertraut hat. Und es sind Gnadengaben, wie schon das griechische Wort *charisma* ausdrückt, in dem das Wort charis = Gnade enthalten ist. Es ist nichts anderes als Gnade, dass wir die Geistesgaben empfangen und einsetzen dürfen. Alle Ehre gehört Gott! – und nicht uns. Von ihm kommt alles und zu seiner Ehre geschieht alles. Und wir selbst haben darin einen Platz, der uns eine große Leichtigkeit und Freiheit gibt. Denn wir suchen keine eigene Ehre mehr und können deshalb auch nicht mehr darin verletzt werden. Wir selbst sind gar nicht so wichtig, das gibt uns diese Leichtigkeit, weil wir uns nicht so schwer nehmen.

Während wir für andere Menschen da sind, können wir zur gleichen Zeit in der inneren Haltung „zu Jesu Füßen“ bleiben. Wir sind dann sowohl ganz auf den anderen Menschen ausgerichtet als auch ganz auf Jesus. Beides widerspricht sich nicht, denn auch Jesus blickt voller Liebe auf den Menschen, dem wir gerade dienen, und von Jesus empfangen wir alles, was wir für ihn brauchen. Unsere Zuwendung und Kraft für diesen Menschen wird also viel größer, wenn wir mit Jesus verbunden bleiben, als wenn wir es ohne Jesus versuchen würden.

In einem Dienst zu Jesu Füßen zu sein heißt zu sagen: „Jesus, du bist der Herr hier! Von dir erwarte ich alles. Dir vertraue ich völlig. Danke, dass ich mich entspannen darf, weil du da bist. Ich will auf dich hören und alles weitergeben, was ich von dir empfange. Für dich, zu deiner Ehre, geschieht alles.“ Wir können also nicht nur vor einer Aufgabe zu Jesu Füßen sitzen und daraus Kraft schöpfen und Orientierung bekommen, sondern genauso währenddessen. Dann können wir in einer inneren Ruhe, bei aller Aktivität, handeln. Diese Ruhe entsteht aus der demütigen Haltung vor Jesus. Auf ihn kommt es entscheidend an, nicht auf mich.

Geistliche Übung

1. In welchen Aufgaben wünschen Sie sich noch mehr Ausrüstung von Jesus? Um welche Gaben wollen Sie ihn bitten? Es ist keine Anmaßung, um Geistesgaben zu bitten, sondern im Gegenteil: Jesus freut sich, wenn wir aus seiner Kraft und nicht aus unserer eigenen anderen Menschen dienen wollen.

2. Gibt es Bereiche in Ihrem Leben, wo Sie sich selbst noch zu wichtig nehmen, als ob alles auf Sie ankäme? Was wird sich ändern, wenn Sie diese Bereiche gemeinsam mit Jesus angehen, d. h. er das Entscheidende tun darf? Was heißt das praktisch?

3. Wenn Sie die Gaben anschauen, die Jesus Ihnen bereits anvertraut hat: Setzen Sie sie ganz aus Liebe zu anderen ein oder geht es Ihnen noch ein Stückchen um Sie selbst? Was verändert sich, wenn allein die Liebe zählt?

Die weltweite Salbung des Heiligen Geistes

Das Wort erfüllt sich

Als Jesus nach Nazareth kam, wo er aufgewachsen war, ging er dort am Sabbat in eine Synagoge. Dort las er Jesaja 61,1-2 vor: „Der Geist des Herrn ist auf mir, weil er mich gesalbt hat, zu verkündigen das Evangelium den Armen; er hat mich gesandt, zu predigen den Gefangenen, dass sie frei sein sollen, und den Blinden, dass sie sehen sollen, und den Zerschlagenen, dass sie frei und ledig sein sollen, zu verkündigen das Gnadenjahr des Herrn" (Luther).

Als er anschließend das Buch schloss, schauten ihn alle in der Synagoge an. Daraufhin sagte Jesus: „Heute hat sich diese Voraussage des Propheten erfüllt" (Lukas 4,21).

So wie Jesus „gesalbt" war und durch ihn viele Menschen Heilung, Befreiung und Erlösung erfuhren, genau so möchte sich auch heute die Kraft des Auferstandenen in Gemeinden und christlichen Gruppen zeigen, die Sehnsucht und Durst nach dem Wirken des Heiligen Geistes haben.

Ein Ausdruck davon können Heilungsgottesdienste, prophetische Dienste, vom Heiligen Geist erfüllte Evangelisationen und Befreiungsdienste sein, die viel Frucht hervorbringen. Von daher ermutigt uns Jesus, vor ihn zu kommen und sein Angesicht zu suchen. Er möchte uns auch heute „mit Öl salben" und viele ermutigen, neue Dienste zu gründen, die aus dem Heiligen Geist geboren werden.

Eine starke Sehnsucht

In den Gemeinden in unserem Land gibt es zahlreiche Mitarbeiter, die in ihrem Herzen eine starke Sehnsucht nach dieser neuen Frucht des Heiligen Geistes haben. Aber es sind Strukturen nötig, in denen jeder seine Gaben entfalten oder einbringen kann. In einer Gemeinde sollte Raum sein für den ganzen Reichtum der unterschiedlichen Gaben, die jeder Einzelne mitbringt.

So kommt es jetzt darauf an, aus der eigenen Begrenzung aufzustehen und die Möglichkeiten Gottes neu wahrzunehmen und zu ergreifen. Jesus vergleicht die Aufgaben im Reich Gottes immer wieder mit einem Weinberg, den es zu ernten gilt. Die Türen zu diesem Weinberg stehen offen, die Trauben sind herangereift. Jetzt gilt es Körbe zu fertigen, bereitzustellen und neue Winzereien zu gründen, die das einbringen, was der Heilige Geist vorbereitet hat.

Im Alten Testament lesen wir, wie die junge Esther für ihre erste Zusammenkunft mit dem König Ahasveros vorbereitet wurde (Esther 2,12-14). Dabei erhielt sie eine aufwändige Reinigung und Pflege, aber auch Geschenke, die ihr gegenüber dem König Würde verleihen sollten. Auch wir sind auf eine solche Vorbereitung angewiesen, wenn wir unserem König Jesus und seinem Wort wirklich hingegeben sein wollen.

Es kann möglicherweise sein, dass Erneuerung und Erweckung so lange aufgehalten werden, bis wir so weit sind, einen neuen Platz vor Gott einzunehmen. Es hängt davon ab, ob wir aufstehen und uns für den Herrn bereit machen. Dann ist es für jeden möglich, erst einmal aus den eigenen Mühen und Kämpfen herauszukommen und bei Jesus an einem Ort der Ruhe und des Segens neue Kraft zu finden.

Jesus unser Bräutigam

Die tiefe und persönliche Liebe zu Jesus ermöglicht uns, an einen geschützten Ort des Friedens zu gelangen. Es ist ein Ort in der Schönheit Christi, der uns Schutz vor dem Feind bietet. Ich glaube, dass Jesus möchte, dass wir uns nach diesem Ort seiner Gnade und Zuwendung sehnen, der verbunden ist mit der Salbung des Heiligen Geistes. Dann werden wir eine Zeit erleben, in der uns die Schönheit unseres Herrn von ganzem Herzen aufgeht, eine Zeit tief verwurzelter Liebe und köstlichen Friedens. In ihr wird es jubelnde Freude geben und wir werden mit hellem Licht und Hoffnung erfüllt.

Dazu möchte Jesus unsere Herzen weich machen, so dass wir uns für ihn öffnen können. Aus Liebe zu ihm dürfen wir in eine neue Dimension von Demut gelangen. Dann wird Jesus in beständiger Weise seine Liebe, seine Gnade und Freundlichkeit, seinen Frieden und seine Ruhe auf unser Leben ausgießen. Es wird ein neuer Ort der Freude sein. Das Glücklichsein in ihm sprudelt nur so in uns. Wir dürfen in der „Umarmung" des Heiligen Geistes bleiben und in der Gegenwart des Herrn „baden". Durch den Heiligen Geist gelangen wir an einen tieferen Ort von bräutlicher Intimität. Denn Jesus ist der Bräutigam für seine Gemeinde.

Wie wird sich dies auswirken?

In diesem Prozess sind wir so wie eine Pflanze, die sich entfaltet hat und viele Knospen zeigt. Es finden sich zwar an ihr auch welke Blätter, aber die verlieren sich immer mehr im Wind. Nun sehnt sich der Heilige Geist danach, dass sich in unserem Leben die Blüten zahlreich entfalten und zu leuchten beginnen, dass sie die volle Berührung des Sonnenlichtes nicht scheuen und zulassen, dass die Liebe Gottes Frucht in ihnen hervorbringt.

Wenn wir Jesus gegenüber so offen, vertrauensvoll und sensibel geworden sind, können wir von ihm seine Gaben empfangen, die er in der Endzeit in besonderer Weise austeilt, und wir werden zu dem fünffältigen Dienst (Epheser 4,11-12) befähigt. Und auch in einem Dienst, in dem wir Vollmacht von Jesus bekommen, bleiben wir in der inneren Verbindung mit ihm, mit seiner Liebe und mit seiner Kraft.

Dann fließt mit der Zeit der „Strom lebendigen Wassers“ wieder stärker durch uns und unsere Gemeinden. Geistliches Leben bricht neu auf, und die Kraft des Heiligen Geistes triumphiert über die Mächte der Finsternis. Jesus selbst möchte durch uns hindurch zum Zug kommen und seine Gemeinde bauen. In Hesekiel 34,11-16 heißt es:

„So spricht Gott, der Herr: Von nun an will ich mich selbst um meine Schafe kümmern und für sie sorgen. Wie ein Hirte seine Herde zusammenbringt, die sich in alle Richtungen zerstreut hat, so werde auch ich meine Schafe wieder sammeln. Von überall her hole ich sie zurück, von allen Orten, wohin sie an jenem dunklen, schrecklichen Tag vertrieben wurden. Aus fremden Völkern und Ländern führe ich sie heraus und bringe sie wieder in ihr Land.

Dort lasse ich sie weiden, in den Bergen, an den Flüssen und in den Tälern. Ja, ich gebe ihnen gute und saftige Weideplätze in den Bergen Israels. Ich selbst werde ihr Hirte sein, damit sie in Ruhe und Sicherheit leben können. Das verspreche ich, der Herr. Ich suche die verloren gegangenen Schafe und bringe alle zurück, die sich von der Herde entfernt haben. Wenn sich eines der Tiere ein Bein bricht, will ich es verbinden, und die kranken pflege ich gesund. Die fetten und starken Tiere aber lasse ich nicht aus den Augen! Denn ich bin ein Hirte, der gut und gerecht mit den Schafen umgeht.“

Wenn wir dem Herrn erlauben, als der Hirte, der das Verlorene sucht, durch uns zu wirken, wird er uns immer wieder segnend berühren. Die Liebe des Vaters wird uns durchströmen und das frische lebendige Wasser des Heiligen Geistes wird fließen, ja regelrecht sprudeln. Die Zeit des mühsamen Schöpfens wird sich dem Ende zuneigen und die Arbeit und die Aufgaben werden leichter von der Hand gehen.

Der Feind Gottes wird versuchen, diesen geistlichen Durchbruch zu verhindern. Vielleicht wird uns Besitz und Einfluss entzogen werden. Was sind wir von daher bereit, für Jesus hinzugeben? Erst sollte unser Fundament fest auf Jesus gegründet sein, dann kann er in seiner Fülle in mir und unter uns wohnen.

Geistliche Übung

Wo brauche ich noch Vorbereitung und Reinigung für eine tiefere Begegnung mit meinem König Jesus? Königin Esther erhielt vor dem Zusammentreffen mit dem König auch Geschenke. Das heißt, sie wurde als Braut geehrt und in einen neuen Stand gehoben. Bitten Sie Jesus, Ihnen zu zeigen, wie er Sie sieht und was er wiederherstellen möchte.

Wie habe ich bisher versucht, mich im Reich Gottes zu engagieren? Welche Rolle haben dabei Anerkennung und Bestätigung für mich gehabt? Stand oft eigene Anstrengung und Leistung im Vordergrund? Entscheiden Sie sich neu, wovon ihr Dienst in der Gemeinde geprägt sein soll. Schreiben Sie es auf.

Die klugen und die törichten Jungfrauen

Die Zeit der Vorbereitung

Der Herr, zu dessen Füßen wir jetzt schon sitzen dürfen, ist auch der Herr, der in Macht und Herrlichkeit wiederkommen wird, sichtbar für alle Menschen. Leider verlieren wir das oft aus dem Blick und rechnen nicht wirklich damit, dass er bald wiederkommen wird, so geht es mir zumindest immer wieder. Aber Jesus sagt uns selbst in seinem Wort, dass wir wachsam sein sollen: „Deshalb seid jederzeit bereit! Denn ihr wisst nicht, wann euer Herr wiederkommen wird" (Matthäus 24,42). Die Zeiten, die wir zu Jesu Füßen verbringen, tragen zu unserer Wachsamkeit bei. Denn wir sind darin auf unseren lebendigen Herrn ausgerichtet. Das ist das Wichtigste in dem Wachsein. Es geht nicht zuerst darum, nach bestimmten Zeichen Ausschau zu halten, die das Kommen Jesu ankündigen, sondern darum, mit Jesus selbst in einer wachen, inneren Verbindung zu bleiben.

Das ist auch in dem Gleichnis von den klugen und törichten Jungfrauen (Matthäus 25,1-13) mit dem Öl gemeint, auf das es entscheidend ankommt. Das Öl ist ein Bild für den Heiligen Geist. Durch den Heiligen

Geist können wir mit unserem auferstandenen Herrn in Verbindung sein: Wir hören seine Stimme, erfahren seine Liebe, seinen Trost und Beistand. So wie die Jünger buchstäblich Jesus nachgefolgt sind, indem sie auf seinem Weg hinter ihm hergingen, können wir auch heute durch die Leitung des Heiligen Geistes Jesus nachfolgen. Wir sehen Jesus zwar nicht mit unseren leiblichen Augen, aber wir erkennen durch den Heiligen Geist seinen Weg, seine Spur in einer bestimmten Situation (was Jesus jetzt tun will). Wir dürfen seine Hand nehmen und uns führen lassen.

Was bedeutet es, wenn die klugen Jungfrauen – im Gegensatz zu den törichten – einen Vorrat an Öl mitnahmen, auf den es dann entscheidend ankam? Was ist für uns dieser Ölvorrat? Es ist unsere Liebe zu Jesus, die nicht versiegt. Damit ist nicht zuerst unser Gefühl gemeint, sondern die Stellung, die Jesus in unserem Herzen hat. Ist er die Nummer eins in unserem Leben? In Matthäus 10,37 sagt Jesus: „Wer seinen Vater oder seine Mutter, seinen Sohn oder seine Tochter mehr liebt als mich, der ist es nicht wert, dass ich für ihn da bin." Nur wenn wir Jesus mehr als alles andere lieben, bleiben wir in unserem Herzen wachsam und können den Bräutigam empfangen, wenn er kommt.

Unsere Zeit jetzt ist die Zeit der Hochzeitsvorbereitung: Die Braut wird geschmückt und das Fest vorbereitet. Es ist eine hoffnungsvolle und frohe Zeit – auch wenn sich Licht und Dunkelheit in unserer Welt immer mehr scheiden und beides immer deutlicher hervortritt, bei allem Leid, was das bedeutet. Mitten in den Wirren der Zeit wird die Hochzeit vorbereitet.

Als Gemeinde Jesu sind wir die „Braut", die geschmückt wird. Nicht nur die Gemeinde insgesamt, sondern jeder Einzelne darf wie eine Braut Jesus, dem Bräutigam, entgegentreten. Deshalb liegt es auch in der Verantwortung von jedem von uns, sich reinigen und schmücken zu lassen. Wir können das nicht durch Selbstinspektion erreichen, indem wir uns selbst prüfen. Denn nur Jesus kann unser Maßstab und die Quelle unserer Reinheit sein. Er selbst schmückt und reinigt uns!

Wenn wir Zeit in seiner Gegenwart verbringen, wird gleichzeitig sein Licht auf uns fallen, das alle unschönen Flecken aufdeckt, so dass wir die Möglichkeit haben, sie beseitigen zu lassen. Jesus zeigt uns nicht nur unsere Flecken, sondern er reinigt uns auch davon. Er ist die Quelle unserer Schönheit.

Wenn wir zu Jesu Füßen sitzen, dann sind es also solche „Braut-Vorbereitungszeiten“, in denen Jesus selbst seine Braut schön macht. Das Brautsein gilt für Männer und Frauen in gleicher Weise, auch wenn sich Männer naturgemäß mit dieser Vorstellung schwerer tun. Aber die Liebe zu Jesus lebt in gleicher Weise in Männern und Frauen, die zu Jesus gehören. Hier ist kein Unterschied. Gemeinsam bilden sie seine Gemeinde.

Einheit untereinander

Auch die Beziehungen der Christen untereinander gehören zur Schönheit der Braut. Wenn Unfriede und Streit herrschen, kann die Braut nicht strahlen. Es ist so, als ob sie, bildlich gesprochen, mit einem verkniffenen Gesicht herumliefe, das ihren Ärger und inneren Zwiespalt ausdrückt. Umgekehrt strahlt die Gemeinde Jesu Liebe und Freude aus, wenn sie in Einheit untereinander lebt. Jesus wird uns deshalb immer wieder nach unserer Beziehung zu unseren Mitchristen, unseren Brüdern und Schwestern, fragen und nicht locker lassen, wenn wir da noch Dinge zu klären haben. Weil er meinen Bruder oder meine Schwester genauso liebt wie mich, schmerzt es Jesus, wenn ich mich unversöhnlich, kritisch richtend oder lieblos ihm oder ihr gegenüber verhalte, genauso wie Jesus an meiner Seite ist, wenn ich zu Unrecht von meinen Geschwistern angegriffen werde. Die Liebe untereinander ist das Merkmal der Jünger, an dem die Welt sie erkennen soll (Johannes 13,35). Deshalb sollte unser Augenmerk besonders darauf liegen.

In einem Lied heißt es: „Gieß das Öl der Liebe aus, dir zum Lob und Preis“. Wir brauchen so sehr das „Öl der Liebe“, das die Liebe zu Jesus und die Liebe untereinander entfacht. Wir können uns mit dieser Bitte immer wieder an Gott wenden, damit er uns dieses „Öl der Liebe“ durch seinen Geist schenkt. Die klugen Jungfrauen sind diejenigen, die ihre Bedürftigkeit kennen und damit zu Gott kommen: „Herr, wir brauchen mehr Öl!“ Sie wissen, was nötig ist, und erwarten alles von Gott. Die törichten Jungfrauen dagegen glauben, es mit dem eigenen Vorrat zu schaffen, mit dem, was sie in ihrer Lampe haben. Wir müssen das „Öl der Liebe“ nicht selber schaffen, sondern unser himmlischer Vater will es reichlich austeilen, wenn wir es von ihm erbitten. Wir dürfen unsere Gefäße füllen lassen, so dass unsere Lampen nicht ausgehen.

Geistliche Übung

1. Wie sieht es mit Ihrem „Öl der Liebe“ aus, der Liebe zu Jesus und zu anderen Menschen? Sie dürfen Ihr Gefäß, d. h. sich selbst, dem Heiligen Geist hinhalten und ihn um sein Öl bitten. Er gibt es gern, wenn wir uns ganz von ihm abhängig machen.

2. Das Sitzen zu Jesu Füßen ist eine „Braut-Vorbereitungszeit“. Darf Ihnen Jesus alles zeigen, wo er Sie noch reinigen und zum Strahlen bringen will?

3. Was bedeutet es in Ihrem Leben ganz praktisch, auf das Wiederkommen Jesu zuzuleben und ihn zu erwarten? Wie verändern sich die Prioritäten?

Der wiederkommende Herr

Die grosse Ernte

In einer Windmühle wird Getreide gemahlen, ohne dass dazu menschliche Energie notwendig wäre. Das gewonnene Mehl ist für die Versorgung der Menschen ganz grundlegend. Aber so richtig arbeiten kann man in einer Mühle nur, wenn der Wind aufkommt und ihre Flügel in Bewegung bringt. Zudem braucht es aber rund um die Mühle Arbeiter, die die Getreideernte einbringen bzw. die das gewonnene Mehl weiterverarbeiten.

Jesus sprach im Blick auf die Menschen, die ihm am Herzen lagen, von einer großen Ernte. Er sagte: „Die Ernte ist groß, aber es gibt zu wenig Arbeiter, die sie einbringen. Deshalb bittet Gott, den Herrn der Ernte, dass er mehr Arbeiter aussendet, die seine Ernte einbringen" (Lukas 10,2).

In der letzten Zeit, bevor Jesus wiederkommt, sind alle Dienste im Reich Gottes von dem Prinzip einer Windmühle abhängig. Es bedarf dann noch einmal vieler Arbeiter, die sich für die Evangelisierung der Nationen einsetzen. Und sie alle dürfen Ausrichtung und Kraft von dem Wind des Heiligen Geistes empfangen.

Über die Wiederkunft Jesu heißt es in Matthäus 24,30: „Dann wird das Zeichen des Menschensohnes am Himmel erscheinen. Die Menschen auf der ganzen Erde werden vor Entsetzen jammern und heulen. Sie werden sehen, wie der Menschensohn in göttlicher Macht und Herrlichkeit in den Wolken des Himmels kommt."

Zuerst erscheint also das Zeichen von Jesus Christus, das alle Menschen auf der Erde sehen können. Dann kommt der Messias selbst mit den Wolken des Himmels in aller Macht und Herrlichkeit. So reinigt er die Erde von aller Sünde und richtet das messianische Reich auf. Die Wiederkunft des Herrn wird auch in Offenbarung 19,11-16 beschrieben. Jesus reitet hier als Richter der Welt auf einem weißen Pferd. Seine Kleider sind mit seinem eigenen Blut besprengt und aus seinem Mund geht ein scharfes Schwert hervor. Es trifft die Nationen, die sich offen dem Heilsplan widersetzen, sie müssen sich seiner Herrschaft beugen.

Anbetung in Israel

Damit dies geschehen kann, ist auch Gottes Volk Israel aufgefordert zu Jesus, seinem Messias, hinzuschauen und ihn um seine Wiederkunft zu bitten. So sah schon König David in der Abkehr von Gott eine unmittelbare Gefahr, die ihn von allen Seiten wie ein wildes Tier bedrohte. Gleichzeitig eiferte er darum, ganz nah bei Gott zu sein und seine Fürsorge zu erfahren. Diese Haltung Davids wird das jüdische Volk in der kommenden Zeit immer mehr brauchen. Denn je mehr Menschen in Israel sich mit aller Kraft gegen die zunehmende Säkularisierung ihrer Gesellschaft stellen und nur noch von Jesus Hilfe erwarten, umso mehr wird Israel in seine Berufung gelangen und ein Segen für die Nationen sein.

Man kann sich vorstellen, dass alles, was Jesus in seinem irdischen Leben im Heiligen Land tat, Menschen zu heilen, zu befreien, ihnen Gottes Botschaft zu bringen, auch im Leben der Christen noch einmal durch die Kraft des Heiligen Geistes zum Leben erwachen möchte. Das wird dann für die Gemeinde eine ähnliche Fülle und Vollmacht bedeuten wie die, in der Jesus den Menschen begegnete. So möchte der Heilige Geist alle, die sich von Jesus in die Nachfolge rufen lassen, berühren wie nie zuvor.

Schon heute reisen Pilger aus vielen Nationen nach Jerusalem, um dort Jesus mit den immer zahlreicher werdenden messianischen Christen zu ehren und anzubeten. Je mehr sich diese Stadt mit dem Lobpreis der Nationen füllt, umso eher werden die Gläubigen in Israel ihre besondere Berufung ergreifen, für die Nationen im Gebet einzutreten. Dann wird die Kraft des Heiligen Geistes das ganze Land erfassen.

Gott erweckt heute eine Armee von Anbetern, die sich als Braut Jesu verstehen. Für sie geht es darum, loszulassen und in der Gegenwart Gottes, in seinem Thronsaal, zur Ruhe zu kommen. Sicher wird es manchem nicht so leicht fallen, den eigenen Dienst einmal loszulassen und sich darin einzuüben, in Gott zu ruhen.

Aber diese Ruhe ist eine Voraussetzung dafür, um in eine neue Nähe zu Jesus hineinzukommen. Vielleicht beginnt Jesus zunächst, uns und unseren Dienst zu beschneiden, um die Liebe und Aufmerksamkeit einer Braut zu schaffen. Denn aus dieser Nähe zwischen Jesus und seiner Gemeinde als Braut wird dann eine neue Kraft der Anbetung entstehen. Wenn wir von uns selbst zurücktreten und bei ihm ruhen, bereiten wir uns auf eine neue persönliche Offenbarung dessen vor, wer Gott für uns sein will.

In seiner Gegenwart leben

Während dieser „Schönheitsbehandlung“ der Brautgemeinde wird ein neuer Dienst hervorkommen – einer, der gegründet ist in der Gnade des Vaters und der Anbetung und in dem wir in unserem Herzen wachsam sind. Das Gebet wird eine neue Substanz erhalten und Bedrängnisse durch den Feind werden zurücktreten.

Unsere Aufgabe ist es dann, nach der Rückkehr des Königs auszuschauen. Wir werden uns nach der Gegenwart Jesu sehnen und man wird uns sagen hören: „Der König kommt, der König kommt.“ In dieser Zeit wird sich auch der Feind Gottes erheben. Aber Gott wird uns zeigen, wo und wie der Feind versucht, uns anzugreifen und zu schwächen, so dass wir seine Pläne durchschauen können. Wenn unsere Augen ganz auf Jesus ausgerichtet sind, entdecken wir immer mehr von seiner Königsherrschaft.

Gott möchte uns einfach Freude daran schenken, dass wir geliebt sind. Das dürfen wir wie in der Zwiesprache von Braut und Bräutigam auskosten lernen. Die Liebe des Königs wird unsere Sehnsucht immer stärker machen. Wir müssen dann nicht immer nur gegen Probleme anbeten, sondern wir erfahren, wie Gott Dinge bewegt. Die Kraft des Heiligen Geistes wird durch uns fließen und die Herrlichkeit Gottes uns und unser Umfeld berühren.

Nur eine solche Erfahrung macht uns zu begeisterten Verkündigern der Güte Gottes für die Gemeinde, unsere Region und unser Land. So lernen wir, das Böse durch Gutes zu überwinden. Wir brauchen vom Heiligen Geist eine neue Strategie, eine, die Freude, Genuss und Lachen beinhaltet, eine, die voller Inbrunst ist und die aus einer tiefen Nähe zu Jesus entspringt. Wie Johannes, der Jünger, den Jesus liebte, dürfen wir unseren Kopf an die Brust Jesu lehnen. Und immer wieder wird Jesus uns die Gelegenheit geben, ihn aus unmittelbarer Nähe heraus zu erleben, so dass wir ein starkes Vertrauen entwickeln können in diesem vertrauten Gegenüber zum Herrn.

Der Herr möchte uns regelrecht dazu erziehen, in seiner Gegenwart zu leben und ihm dadurch zu gefallen. Wir brauchen nicht mehr wie eine Witwe zu ihm zu kommen, wir sind seine geliebte Braut. Unsere Aufmerksamkeit können wir vom Feind weglenken und auf den König der Könige ausrichten. Wir sind dazu berufen, Betrachter des allerhöchsten Gottes zu sein, und während wir ihn betrachten, werden wir immer mehr in sein Bild verwandelt.

Geistliche Übung

1. Nehmen Sie einmal ein Glas und gießen Sie ein wenig Wasser hinein. Stellen Sie es vor sich hin und betrachten Sie es eine Zeit. Welcher Gedanke beschäftigt Sie nun mehr? Freuen Sie sich über das klare Wasser, würden Sie gern noch mehr davon trinken? Oder denken Sie v.a. darüber nach, warum das Gefäß so leer ist?

Die Bibel fordert uns heraus, überfließend zu sein. Überfließend in der Kraft des Heiligen Geistes (Joh. 7,38). Es geht also nicht mehr darum, aus dem Eigenen zu schöpfen und das Letzte aus sich herauszuholen. In der Stille können Sie Gott nun einladen, Sie zu beschenken und Sie mit seiner Liebe auszufüllen. Vielleicht möchte Gott in dieser Zeit auch zu Ihnen reden. Zur Verdeutlichung können Sie am Schluss noch zu einem Wasserhahn gehen und Ihr Gefäß zum Überlaufen bringen …

2. In Psalm 23,5 heißt es: „Du bereitest vor mir einen Tisch im Angesicht meiner Feinde. Du salbest mein Haupt mit Öl und schenkst mir voll ein.“ (Luther)

Schließen Sie nun einmal einen Moment die Augen und stellen Sie sich einen Tisch vor, an dem Sie Platz nehmen. Nun tritt Jesus neben Sie und er deckt Ihnen den Tisch. Was stellt er vor Sie? Können Sie es von ihm annehmen? Hilft es Ihnen, das, was Ihr Leben bedroht, gelassener zu sehen?

____

____

____

Wenn Sie so an diesem Tisch sitzen, können Sie auch Jesus fragen und ihn konkret um etwas bitten. Immer wieder können Sie an diesen Platz zurückkehren. Jesus möchte Ihnen dienen, er weiß genau, was Sie brauchen. Und immer ist der Tisch zwischen Ihnen und Ihren Feinden. Diese müssen zurückweichen, je mehr die Gaben des Herrn Sie stärken. Zeichnen Sie sich nun einmal an diesem gedeckten Tisch!

Sitzen zu Jesu Füssen

Vollkommen vertrauen

Wenn wir den Ort der Ruhe zu Jesu Füßen gefunden haben, dann wissen wir, dass uns nichts und niemand mehr aus seinen Händen reißen kann (Johannes 10,28). Es ist der Ort der Gewissheit unseres Glaubens. Nur in der demütigen Haltung vor Jesus und in der liebevoll-innigen Verbundenheit mit ihm bleiben wir in dem Schutzraum, in dem uns der Feind nicht mehr schaden kann. Was uns so angreifbar macht, ist, dass wir immer wieder aus dieser Geborgenheit heraustreten, indem wir die demütige, gehorsame Abhängigkeit von Jesus verlassen. Wir nehmen die Dinge selbst in die Hand, ohne Jesus zu fragen.

Dabei ist meine innere Haltung entscheidend, ob ich bereit bin, mich in allen Dingen führen zu lassen. Auch ohne bewusst zu beten, kann ich in dieser inneren Achtsamkeit gegenüber Jesus leben, in der ich spüre, was ihm entspricht und was nicht. Wir sind keine Marionetten, die keinen Schritt allein tun können, sondern Jesus möchte so in unserem Herzen wohnen, dass uns die Einheit mit seinem Willen etwas ganz Vertrautes und Natürliches wird.

Wie können wir in die Einheit mit seinem Willen hineinwachsen? Es beginnt mit der bewussten Entscheidung, mein Leben unter die Herrschaft Jesu zu stellen: Er darf über alle Bereiche meines Lebens regieren – über meinen Leib, meine Seele und meinen Geist! Ich stelle mich ihm mit allem, was ich bin und habe, zur Verfügung (Römer 6,19; 12,1-2). Ich kann das nur tun, wenn ich weiß, dass er ein guter Herr ist, der das Allerbeste mit mir im Sinn hat.

Maria, die zu Jesu Füßen saß, hatte dieses vollkommene Vertrauen zu Jesus. Auch als ihr Bruder Lazarus starb und sie voller Trauer darüber war, drückte sie dies durch ihre Haltung gegenüber Jesus aus, als er einige Tage später nach Betanien kam.

„Aber Maria lief zu Jesus. Sie fiel vor ihm nieder und rief: Herr, wenn du da gewesen wärst, würde mein Bruder noch leben!“ (Johannes 11,32). Wir wissen nicht, in welchem Ton sie es zu Jesus gesagt hat. Es ist genau der gleiche Satz, den auch Martha kurz vorher zu Jesus gesagt hatte (Johannes 11,21).

Der einzige Unterschied ist, dass Maria ihm zu Füßen fiel, während Martha es nicht tat (zumindest wird nichts davon berichtet), sondern ihm vermutlich gegenüberstand, als sie zu ihm redete. Kann derselbe Satz in einer unterschiedlichen Haltung Verschiedenes bedeuten? Beide verstehen nicht, warum Jesus nicht früher gekommen ist. Darin liegt für sie ein großer Schmerz und Enttäuschung, denn sie sind überzeugt, dass ihr Bruder dann nicht gestorben wäre.

Auch in unserem Leben geschehen immer wieder Dinge, die wir nicht verstehen können. Wir wissen, dass Jesus die Macht gehabt hätte, es zu verhindern. Warum hat er es nicht getan? Und nun kommen wir zu Jesus und schütten ihm unser Herz aus: „Herr, du hättest es verhindern können.“ Maria tut das voller Tränen und sie kniet dabei vor Jesus nieder. Sie sucht seine Nähe, seinen Trost und sie beugt sich vor ihm. Wenn wir zu Jesu Füßen knien, ist kein Raum mehr für Anklage und Vorwürfe.

Die Anklage stellt sich über Gott, denn anklagen kann nur jemand, der es besser als der andere weiß. In der Anklage stellen wir uns innerlich auf ein Podest: das Podest von dem, was uns zusteht, das Podest unserer Gerechtigkeit, unserer scheinbaren Rechte. Wir gehen darin automatisch auf Distanz. Dass Nähe und Anklage nicht zusammenpassen, sehen wir daran, dass es unmöglich ist, jemand von Herzen in den Arm zu nehmen und ihn gleichzeitig anzuklagen.

An sicherem Ort

Anders ist es, wenn wir in der Haltung „zu seinen Füßen" Jesus unsere schmerzlichen Fragen voller Vertrauen und Liebe ausschütten. Zu seinen Füßen können offene Fragen weiterhin bestehen bleiben. Aber der Trost liegt in seiner Nähe und in seiner Herrschaft. Ihm ist nichts entglitten, er weiß es und er fühlt mit. Als Jesus die Tränen der Maria sah, „gingen ihm die Augen über" (Johannes 11,35, Luther). Wir haben einen Herrn, der mit uns weint!

Zu Jesu Füßen können uns auch die schweren Erfahrungen unseres Lebens nicht aus der Gemeinschaft mit ihm reißen. Wir bleiben an dem sicheren Ort seiner Nähe. Das ist besonders wichtig, weil uns die Ereignisse, die wir nicht verstehen können, leicht angreifbar machen für die Frage des Feindes: Wo ist nun dein Gott? Dadurch möchte er uns von Gott wegziehen.

Wir brauchen die Gewissheit von Gottes Liebe, um im Leid im Glauben fest zu bleiben. Ich glaube, dass Maria in den Augen Jesu diese Liebe gesehen hat. Wie können wir den Blick Jesu erkennen, der voller Liebe auf uns ruht? Es ist ein Sehen mit unserem Herzen. Durch den Heiligen Geist bekommen wir „erleuchtete Augen des Herzens" (Epheser 1,18, Luther), die das liebevolle Angesicht Jesu erkennen können. Durch den Heiligen Geist leuchtet uns auch die Liebe Jesu durch alle biblische Geschichten hindurch. Wir können sie mit anderen Augen lesen. So wie Jesus die Maria von Betanien anschaut, schaut er auch uns an!

Wenn Maria in ihrer Trauer Jesus zu Füßen fällt, ist es keine passive, willenlose Resignation, sondern ganz im Gegenteil: Es ist ein Stück Anbetung auch mitten in dem Nicht-Verstehbaren. Oft können wir das nicht sofort, wenn etwas Schweres geschehen ist. Aber es kommt dann für jeden eine Zeit, in der Jesus um uns wirbt und uns bittet, zu ihm zurückzukommen und den Platz zu seinen Füßen einzunehmen, wo er uns trösten und seine Liebe schenken kann. Dort findet unsere aufgewühlte Seele Ruhe und kann wieder von Jesus empfangen.

Geistliche Übung

1. Glauben Sie, dass Jesus Ihr guter Herr ist, der das Beste für Sie im Sinn hat? Sagen Sie es ihm doch einmal in einem Dankgebet:

2. Wenn Sie irgendwo eine Anklage in sich spüren, in der Sie Gott Vorwürfe machen: Sind Sie bereit, sie loszulassen und vor Jesus zu „knien" – als Ausdruck von Liebe, Demut und Vertrauen? Es kann eine Hilfe sein, sich buchstäblich hinzuknien und Jesus das Vertrauen auszusprechen, auch dort, wo Sie ihn im Moment nicht verstehen können.

Die Liebe Gottes ist ausgegossen in unsere Herzen

Jesus gibt uns Liebe

In einer Seilbahn ist es so, dass man in angenehmer Weise in die Höhe gezogen wird. Man kann sehr bewusst und genau wahrnehmen, wie sich die Landschaft verändert. Und sowohl vor einem wie nach einem gondeln viele andere Menschen genau den gleichen Weg entlang.

Ähnlich ist es bei unserem geistlichen Wachstum: Da haben wir auch oft Bereiche und Abschnitte vor uns, die schon Generationen von Christen vor uns zu bewältigen hatten. Bei allen Prüfungen und Herausforderungen, die dabei auf uns zukommen mögen, ist jeweils das höchste Ziel, das wir erreichen sollen, die Liebe, die im 1. Johannesbrief 4,9-10 so beschrieben wird:

„Gottes Liebe zu uns ist für alle sichtbar geworden, als er seinen einzigen Sohn in die Welt sandte, damit wir durch Christus ein neues und ewiges Leben bekommen. Das Einzigartige an dieser Liebe ist: Nicht wir haben Gott geliebt, sondern er hat uns seine Liebe geschenkt. Er gab uns seinen Sohn, der alle Schuld auf sich nahm, um uns von unserer Schuld freizusprechen." Die Grundlage für unser Leben ist also die Liebe, die uns durch Jesus Christus geschenkt wird.

Angenommen, jemand würde sich einen Plan zurechtlegen, wie er die Liebe Gottes am besten an andere weitergeben könnte, dann könnte es sein, dass er viele Ideen sammelt, die alle für das Reich Gottes bedeutsam sein können, z. B. offene Abende, Besuchsdienste oder Evangelisationen.

Mit der Zeit würde er dann von diesen Ideen einige ausprobieren und das erfolgreichste Konzept immer weiterentwickeln. Und vielleicht würde er sich dabei auch ganz schön verausgaben.

Wenn die Liebe aber durch Jesus sichtbar wurde und uns von ihm geschenkt wird, dann können wir bei jedem neuen Plan und jeder Aktion, die wir vorhaben, Jesus fragen: Trägt mir deine Liebe dies jetzt auf? Möchtest du auf dieses Tun die Kraft des Heiligen Geistes legen? Ist dieses Werk für mich vorbereitet? Ist es deine Liebe, die darin zum Zug kommt?

Oft sind wir auch spontan herausgefordert zu helfen oder für jemanden da zu sein. Aber alles, was wir längerfristig vorbereiten, sollte aus dem Heiligen Geist und nicht allein aus unserem Geist geboren werden. Sonst kann es sein, dass wir zwar sehr viel Gutes tun, aber nicht die Liebe praktizieren, die Jesus jedem von uns gegeben hat und geben möchte. Es geht also darum zu lernen, nicht selbst, sondern mit Jesus zusammen zu handeln.

Seinem Kurs folgen

Ein Bild kann das verdeutlichen: Jemand hat einen weiten Weg vor sich und gelangt plötzlich an das Ufer eines großen Flusses. Vergeblich hält der Wanderer nach einer Brücke Ausschau. Nur ein kleines Schiff liegt vertäut an einem Kai.

Auf dem Deck des Schiffes steht gerade der Kapitän. Er ruft dem Wanderer zu: „Wenn Sie möchten, können Sie mitfahren, wir fahren flussaufwärts."

„Ich wollte eigentlich nur übersetzen. Können Sie mich vielleicht am anderen Ufer aussteigen lassen?"

Der Kapitän schaut nachdenklich, leicht schmunzelnd. „Ich bin kein Fährschiffer! Ich fahre über den Strom zum Meer."

Ein wenig ratlos bleibt der Wanderer am Ufer stehen. Wie soll er seinen Weg fortsetzen?

Genau so kann es uns mit der Führung durch den Heiligen Geist ergehen. Wir wünschen uns vielleicht, dass er uns schnell über die Hindernisse in unserem Leben hinweghilft.

Aber Jesus möchte uns einladen, seinem Kurs zu folgen, der unseren vielleicht durchkreuzt. Er möchte, dass wir uns den Richtungsänderungen überlassen, die er vorgibt. Dabei wird er uns tragen und uns keine Last auflegen.

Lebendiges Wasser

In Johannes 4 wird von der Begegnung einer Samariterin mit Jesus berichtet, die genau solch eine Kursänderung in ihrem Leben erfährt. Sie selbst fühlt sich in ihrem Herzen entwürdigt. Mühsam ist für sie der Kampf um Liebe und mühsam ist für sie der Weg zum Brunnen in der Mittagshitze. Ganz verwundert ist sie, dass Jesus sie respektiert und auf sie eingeht:

„Die Frau fragte überrascht: ‚Du bist doch ein Jude! Wieso bittest du mich um Wasser, wo ich doch eine samaritische Frau bin?' Normalerweise wollten die Juden nichts mit den Samaritern zu tun haben. Jesus antwortete ihr: ‚Wenn du wüsstest, was Gott dir geben will und wer dich hier um Wasser bittet, würdest du mich um das Wasser bitten, das du zum Leben brauchst. Und ich würde es dir geben'" (Johannes 4,9-10).

Jesus spricht die ungestillte Sehnsucht im Herzen der Samariterin an, er kennt ihre Herzenswünsche. Und er weiß, dass sie ihren inneren Mangel nur bei ihm wirklich stillen kann. Dass die Samariterin schließlich eine ganze Reihe von Angehörigen und Leuten aus ihrem Ort zu Jesus führt und sie sich bekehren, hängt damit zusammen, dass er wirklich ihr Herz erreicht hat und sie erfüllt ist von dem, was sie erlebt hat.

„… denn die Liebe Gottes ist ausgegossen in unsre Herzen durch den Heiligen Geist, der uns gegeben ist", heißt es in Römer 5,5 (Luther).

Siehe, ich stehe vor der Tür

Wir können die Liebe Gottes dann am besten empfangen, wenn wir unsere inneren Türen, durch die Jesus eintreten und uns begegnen möchte, erwartungsvoll geöffnet halten. Und wenn wir gelernt haben, die Türen, durch die der Feind uns berauben und abhängig machen will, zu verschließen. Manchmal folgt ein regelrechtes geistliches Erwachen, wenn ein solches Einfallstor des Feindes endlich aufgedeckt und im Namen Jesu verriegelt worden ist. Dann kann der Segen und die Liebe Gottes kraftvoll unser Herz erfüllen.

Drei ungesicherte Tore scheinen mir dabei von besonderer Bedeutung zu sein:

1. Der Drang nach Anerkennung kann dazu führen, dass ich mich immer mehr vom Willen anderer abhängig mache und kaum noch Wegweisung von Jesus an mich herandringt.

2. Unversöhnlichkeit schnürt mein Herz womöglich viel mehr ab, als ich es mir eingestehen möchte. Innere Anklagen, die ich nicht loswerde, trüben ständig meine Gedanken und beeinflussen auch meine Beziehung zu Gott.

3. Eine innere Kontrollhaltung macht es mir vielleicht unmöglich, Menschen in meinem Umfeld zu vertrauen, mich ihnen gegenüber zu öffnen oder Solidarität zu üben. Gegenüber Gott kann diese Kontrollhaltung mich ebenfalls zu Eigenmächtigkeit und Rebellion verleiten.

Die innere Quelle

Vergleicht man das menschliche Herz mit einem Garten, so gibt es mitten in diesem Garten einen Teich, aus dem man jederzeit schöpfen kann, um sich zu stärken und zu erfrischen. Jeder Mensch schöpft aus solch einer inneren Quelle, er ist auf sie angewiesen und er sorgt sich um sie.

Wenn wir uns zu Jesus Christus bekehren und ihn in unser Leben einladen, dann findet ein Herrschaftswechsel statt. Nun gehören wir zum Vater im Himmel, Jesus regiert in uns und der Heilige Geist beginnt, im

Garten des Herzens aufzuräumen und sich einen Ort zu bereiten, an dem er wohnen kann. Er möchte sich entfalten und durch uns wirken.

Dabei arbeitet er Hand in Hand mit uns zusammen. Dort, wo wir ihm erlauben, uns zu dienen, da deckt er innere Lügen, Festlegungen und Bindungen auf. Er leitet uns zu inneren Schritten der Reinigung und Demut vor Gott.

Es wird immer sein Ziel sein, die innere Quelle in uns freizulegen und zu beanspruchen, durch die unser Leben reich und überfließend wird. Wenn wir ihn fragen, wird er uns gerne zeigen, was diese Quelle womöglich trübt oder was ihre Kraft blockiert. Es ist gut, sich an die Verheißung zu erinnern, dass Ströme lebendigen Wassers von unserem Leibe fließen sollen (vgl. Johannes 7,38).

Geistliche Übung

1. Stellen Sie sich nun ähnlich wie in dem vorher beschriebenen Bild vor, Sie stehen am Ufer eines Flusses. Sie haben ihr Ziel klar vor Augen. Aber der Heilige Geist möchte Sie nun auf sein „Boot" locken, Sie können sich seiner Führung überlassen. Sprechen Sie evtl. ein Gebet, in dem Sie dem Heiligen Geist erlauben, dass er allein Sie ans Ziel bringen darf.

2. Werden Sie einen Moment still, schließen Sie die Augen und fragen Sie den Herrn, welche Einfallstore des Feindes in Ihrem Herzen möglicherweise noch zu wenig gesichert sind. Verriegeln Sie nun dieses Tor im Namen Jesu, proklamieren Sie die Wahrheit Gottes über diesem Tor, nehmen Sie es für Jesus in Beschlag. Manchmal tobt eine gewisse Zeit ein regelrechter Kampf um solch ein Tor. „Denn es ist nichts verborgen, was nicht offenbar werden soll, auch nichts geheim, was nicht bekannt werden und an den Tag kommen soll" (Lukas 8,17).